本书是四川省科技厅科技计划项目（2024YFFK0128）、四川省
科普培训项目（2024JDKP0059）、四川省干部保健科研项目（
研2024-117）、浙江省教育厅一般科研项目（Y202457157）成果

叙事遗嘱：
生命的回响

主编　程丽楠　张凤英　陈　茜

图书在版编目（CIP）数据

叙事遗嘱 ：生命的回响 / 程丽楠，张凤英，陈茜主编. -- 成都 ：四川大学出版社，2025. 5. --（安宁缓和医疗系列丛书）. -- ISBN 978-7-5690-7428-4

Ⅰ. D913.54

中国国家版本馆 CIP 数据核字第 2024384EV3 号

书　　名：叙事遗嘱：生命的回响
　　　　　Xushi Yizhu: Shengming de Huixiang
主　　编：程丽楠　张凤英　陈　茜
丛 书 名：安宁缓和医疗系列丛书

选题策划：倪德君
责任编辑：倪德君
责任校对：李　梅
装帧设计：墨创文化
责任印制：李金兰

出版发行：四川大学出版社有限责任公司
　　　　　地址：成都市一环路南一段 24 号（610065）
　　　　　电话：（028）85408311（发行部）、85400276（总编室）
　　　　　电子邮箱：scupress@vip.163.com
　　　　　网址：https://press.scu.edu.cn
印前制作：四川胜翔数码印务设计有限公司
印刷装订：成都金龙印务有限责任公司

成品尺寸：170mm×240mm
印　　张：7.75
字　　数：145 千字

版　　次：2025 年 5 月 第 1 版
印　　次：2025 年 5 月 第 1 次印刷
定　　价：52.00 元

扫码获取数字资源

四川大学出版社
微信公众号

前　言

在生命的终章，我们能捕捉到一抹既微弱又明亮的光芒——老年人的叙事遗嘱。本书将引导我们去体会叙事遗嘱的丰富内涵，寻找人生的价值。

叙事遗嘱宛如夜空中的繁星，为老年人的晚年生活增添了一抹光彩。在本书中，我们将回溯叙事遗嘱的起源，探讨它如何成为生命中不可替代的光辉。这其中有着对人生智慧和情感的反思，也是对时间与记忆的审视。

本书将带领读者踏上一段探索叙事遗嘱内在价值的旅程。在文化、伦理和法律等视角下，我们将探讨人们为何越发倾向于采用这种叙事方式，将自己的经历、智慧和情感传递给后人。

叙事以生命记录的方式重新点亮被遗忘的记忆，唤起深藏的情感。在本书中，我们将了解叙事的力量，探讨它如何成为连接个体生命各阶段的纽带。

本书涵盖了叙事遗嘱的起源、概念、内在价值及其重要性，从不同视角审视叙事遗嘱的内涵、实践方法和未来趋势。

尽管在写作中尽力避免疏漏，力求精确，但仍有不完美之处。若本书在内容、观点或表述上有不妥之处，敬请读者指教，您的宝贵建议是我们不断改进的动力。

目　录

第一章　叙事遗嘱——穿越时光的独特之旅

一、叙事遗嘱简要发展史

叙事遗嘱（Narrative Will）作为表达生命价值观的文件，是带有生命印迹的记录。其发展历程承载了人类对于生命的深刻思考和对个体独特体验的传承。

（一）萌芽阶段

自古文明时代起，人们对生命、死亡和个体存在的思考主要通过口头表达和宗教仪式表达。虽然没有明确的叙事遗嘱文件，但通过神话、传说和仪式，人们传递了对于生前愿望和生命的理解。

（二）初步发展阶段

中世纪至文艺复兴时期，文学和哲学的融合使得人们开始以书面形式记录个体的生命价值观。诗歌、文学作品中的个体经历和对生命的反思形成初步的叙事遗嘱。这种表达方式形式多样，更具有文学性。

（三）法律确认阶段

法律制度的发展推动了财产分配和遗产传承规范。人们以书面形式记录财产分配和遗愿，其中包含了对生命价值观的表达。叙事遗嘱逐渐成为法律文件，用以明确个体的生命价值观，以及遗产分配的意愿。

（四）快速发展阶段

叙事遗嘱逐渐脱离传统的法律框架，注重个体对于生命的独特叙述。这一阶段的叙事遗嘱更加强调对生命的个体理解和生命价值观的表达，不再仅限于法律事务，而是更富有情感和文化内涵。

（五）数字化阶段

数字化叙事遗嘱成为新的趋势。个体可以通过数字平台、社交媒体等方式记录和分享他们的生命价值观。这一阶段的叙事遗嘱更加强调与社会的互动，成为在数字时代传承和分享生命价值观的方式。

（六）全球化阶段

多元文化和全球化的影响丰富了叙事遗嘱的多样性。不同文化、宗教、哲学观点在叙事遗嘱中得以充分表达，反映了全球范围内对于生命价值观的认知和理解。随着社会、科技和文化的不断演变，叙事遗嘱的形式和内容可能会更加多样化和个性化。可能会涌现出更先进的工具用于记录和传承生命价值观，同时也会更加注重跨文化、跨代际的沟通，为后代提供更为丰富的人生智慧和价值传承。

随着社会人口老龄化的发展、疾病谱的改变、全生命周期下生命关怀理念的倡导，叙事遗嘱在安宁疗护中的应用逐渐受到重视，特别是在面临重大疾病、生命终结或重大变故时，个体更需要表达自己对生命和价值观的理解，以及对医疗护理和生活决策的期望和要求。叙事遗嘱在终末期生命关怀中可成为重要的个人意愿表达方式，帮助个体实现生命的意义。

二、叙事遗嘱的时间编织

叙事遗嘱如同一张精妙的时光编织图，将人生的各个片段交织在一起。

（一）时间的非线性之美

叙事遗嘱以其非线性的时间编织方式，让人们在回顾自己生命的同时，将过去、现在和未来有机地连接起来。这非线性之美反映在对生命的多维理解上，让人们可以直观地感受到时间的深层次，不再被单一的时间线束缚。通过回忆、反思和成长，个体在叙事中重新编织自己的时光，展示出时间的多样性和丰富性。

（二）叙事遗嘱的记忆共鸣

叙事遗嘱的时间编织是生命各阶段的简单串联，是对记忆共鸣的深刻呼应。在这个过程中，过去的记忆和当下的体验相互映衬，联合产生深层次的共鸣。人们能够在记忆的海洋中遨游，感受到时光的悠长，体会不同人生时刻的重要性，深度思考和意义解读，为生命旅程注入丰富的情感色彩。

（三）叙事遗嘱的未来之望

叙事遗嘱的时间编织也包含对未来的期望。通过记录当下的情感、智慧和愿望，个体将自己的期许和未来的可能性嵌入叙事之中。回顾过去，引导未来，在个人的生命叙事中，时间不再是单一的前进方向，而是充满可能性和希望的多元空间。

（四）叙事遗嘱的时间旅行

叙事遗嘱的时间编织就像是一场时间旅行，个体能够穿越岁月，回望过去的点滴，感受当下的真实，同时展望未来的可能性。其时间旅行的体验让叙事遗嘱成为个体与时间对话交流的平台，助力人们理解和体验生命的意义和价值。

通过深入研究叙事遗嘱的时间编织，我们可全面地理解这种独特叙事方式如何将个体的生命串联起来，创造出生动而富有深度的时光画卷，作为生命长河中最宝贵的生命资源而留存。

三、叙事遗嘱的关系导向

叙事遗嘱强调人际的情感纽带，是个体与自身过去、现在、未来的对话，也是对家庭成员、社会、文化的情感回应。在叙事遗嘱中，关系是核心动力，是情感的表达和传递的媒介。这一关系导向的特性让叙事遗嘱超越了个体层面，成为家族、社群的珍贵财富。通过叙事遗嘱，人们能够将自己的内心世界与身处其中的人分享，构建紧密的人际关系，同时在情感上更加丰富和充实。这种关系导向的特质，让叙事遗嘱成为家族、社会中代际沟通和情感传递的重要媒介。

（一）情感的多层次表达

叙事遗嘱通过对过去、现在和未来的叙事联结，成为人生情感和阅历的需求表达平台。个体将深埋内心的丰富情感与他人分享，建构较为紧密的情感纽带。既促进个体情感宣泄，也以叙事的方式让他人能更加真实地体会其内心的复杂性和需求的多样性，理解其当下的体验、情感、行为和抉择。

（二）家族、社群的共享财富

关系导向让叙事遗嘱不再局限于个体，而成为家族、社群的共享财富。通过对家庭生活、亲情、友情的人生经历叙述，叙事遗嘱使家族成员之间的情感得以更加深刻地体现和传递，促进家族在情感上的紧密联结，同时也为整个社群创造更加丰富和充实的情感氛围。

（三）代际沟通的桥梁

叙事遗嘱的关系导向特质使它成为代际沟通的桥梁。通过对过去经历的叙述，个体与隔代的家庭成员之间建立了更为深刻的沟通渠道。这种桥梁作用有助于传承家族的价值观和文化，也让不同年龄段的人在情感上更加贴近，形成代际的有机深度联系。

（四）构建社会共鸣

关系导向的叙事遗嘱，不仅是个体情感的表达者，更是社会共鸣的构建者。通过对社会变迁的记录和对社会经历的叙述，叙事遗嘱加强社会成员之间的紧密联系。这种社会共鸣强化了社会团结，也为个体的经历赋予了丰富的社会意义，同时促进社会成员之间生命资源的共享，整体上提高人类生命意义价值感。

在这种关系导向下，叙事遗嘱不再是简单的文字串联，而是人际关系、家族联系和社会交往的重要媒介。叙事遗嘱情感的传递和交流方式成为超越个体生命的珍贵遗产，为家庭乃至社会交际的情感纽带提供了全新的、深刻的内涵解读。

第二章 叙事遗嘱的概念分析

生命旅程中遇到的各种挑战和所做的决策都深深根植于我们的生命价值观。生命价值观体现了我们对尊严、道德、意义的信仰和取向，承载着我们对生命本质的独特理解。全人照护服务要求提供以符合个人价值观、生活态度和意愿决策为基础的照护服务，而叙事则成为表达个人独特生活轨迹、经历和生命故事的有效方式。遗嘱，作为传达和保存个人意愿的工具，不仅涉及对自己合法财产的分配，也是一次情感与利益的权衡。广义的遗嘱概念还包括个人价值观、生活经验和生命体验及对人生意义思考和反思的延续，彰显了个体生命价值甚至人类存在价值的意义内涵。

为了满足患者对医疗决策和照护服务的个性化需求，叙事遗嘱应运而生。作为特殊形式的文化遗产和生命记录，叙事遗嘱成为表达和传递生命价值观的重要工具。然而，国内外学者尚未对叙事遗嘱的概念内涵达到清晰的共识，甚至与遗愿、生前预嘱、预先医疗指示、叙事医学等概念混淆，阻碍了对该问题的深入研究和实践干预。概念分析是澄清被广泛使用但含义模糊概念的有效方法，已广泛应用于诸多领域。

一、叙事遗嘱概念分析方法

本小节应用罗杰斯（Rodgers）演化概念分析法对叙事遗嘱的概念及内涵进行深入分析，归纳总结该概念的属性，助推生命价值意义的充分尊重与丰富落实。罗杰斯演化概念分析法在诸多领域得到了广泛应用。其基于系统归纳方法，可提供概念在学科之间使用的理解、解释和描述。罗杰斯演化概念分析法认为概念是动态的，随着时间的推移而发展，并受到它们所处的环境的影响。同时，概念可以是跨学科的，强调不同学科之间概念的相同和不同。

二、叙事遗嘱相关概念与鉴别

（一）预先医疗指示

预先医疗指示（Advance Directive）是有意识的患者对自己将来丧失意识时的医疗照护做出安排的法律制度，分为指令型预先医疗指示和代理型预先医疗指示。指令型预先医疗指示直接表达患者的医疗照护意愿，也称为生前预嘱（Living Will）；代理型预先医疗指示指患者在有意识时选定代理人，在其丧失意识时由代理人替代做出医疗照护决策，也称为医疗持续性代理。

（二）生前预嘱

生前预嘱是预先医疗指示的一种形式，在特殊情况下以法律文件的形式代替患者本人的意志做出医疗照护决策。生前预嘱不依靠事前授权的代理人代为执行医疗照护决策，避免了缺乏医疗照护决策能力的代理人做出违背患者意愿的决策的可能性。但制订生前预嘱时需要考虑疾病发展的可能性及患者的反应，根据患者意愿确定相应内容。

（三）医疗授权委托书

医疗授权委托书（Medical Power of Attorney）是法律文件，用于委托他人代替自己做出医疗照护决策。患者可以授权特定人士作为自己的代理人，在自己无法表达意愿时代替自己做出医疗照护决策。

（四）预立医疗照护计划

预立医疗照护计划（Advance Care Planning）是继预先医疗指示产生和应用后，为促进其签署而提出的概念 。

（五）叙事疗法

叙事疗法（Narrative Therapy）在 20 世纪 80 年代出现并逐步发展，这一疗法认为人的生活是由不同的结果组成的，因此可以从不同的角度来处理所遇到的问题，通过叙事形成故事，从而帮助人们建立起过去、现在和未来之间的联系。

（六）叙事医学

叙事医学（Narrative Medicine）是运用叙事能力进行医疗实践，以识别、吸收、理解疾病叙事并被其所感动。

以上这些概念之间的区别在于其具体的目的和内容不同。生前预嘱是预先医疗指示的一种形式，以法律文件的形式代替患者本人的意志。与生前预嘱不同，叙事遗嘱更注重个体的生命历程，提供更全面的视角，使医护人员更好地了解患者的个性化需求。叙事遗嘱更侧重于通过叙事方式传达个体的生命经历、价值观和对生命的理解，在生命的最后阶段可为制订医疗照护决策提供更为细致入微的背景和指导。预先医疗指示是在健康状态良好时表达未来医疗照护意愿的文件；生前预嘱与预先医疗指示属于归属关系；医疗授权委托书是委托他人代表自己做出医疗照护决策的文件；预立医疗照护计划是继预立医疗指示产生和应用后，为促进其签署而提出的概念。叙事疗法作为人文回归医学的产物，是叙事医学在心理治疗分支上的具体应用，是循证医学时代如何遵循生物-心理-社会医学模式来实现科学与人文融合的答案。叙事疗法最初是家庭疗法的分支，只是辅助的治疗手段。这些概念在实践中需要根据患者的具体需求和情况来进行选择和应用（图 2-1）。

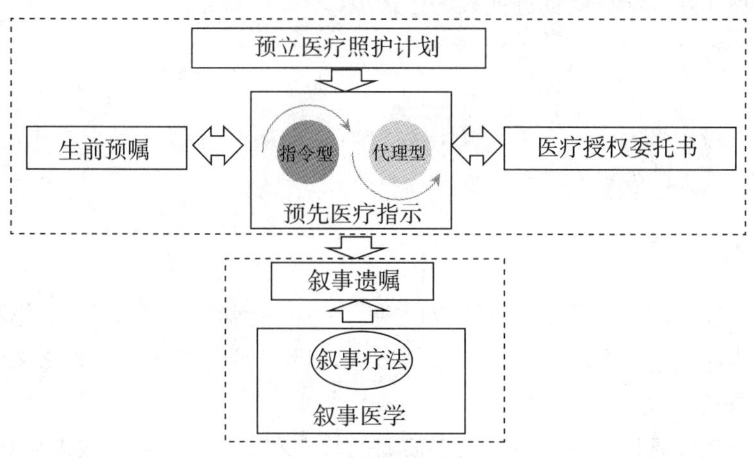

图 2-1　叙事遗嘱相关概念鉴别

三、叙事遗嘱的概念属性与定义

叙事遗嘱的概念具有多重属性，不同属性共同构成其特点和意义，使其成为医学伦理学和生命伦理学的重要内容。

（一）以生命价值观为主导

人生经历的生命故事和决策都深深根植于个体的生命价值观。生命价值观作为个体对尊严、道德、意义的信仰和取向，承载着对生命本质的独特理解。叙事遗嘱的核心即以生命价值观为主导。

（二）承认个体独特性

叙事遗嘱通过叙述个体的生活故事、价值观、信念和意愿等，包括个体对生命的独特理解和体验，呈现个体的独特性和个性。

（三）尊重个体意愿和需求

叙事遗嘱以个体意愿和需求为前提，旨在表达个体的生命经历和关怀需求，以及解读生命价值和意义。

（四）促进生命成长

个体通过叙事形式表达自己对经历事件的体验和意义解读，从更高角度建立过去、现在和未来之间的联结，通过个体反思促进内在生命成长，通过故事分享这种人际互动方式促进他人的生命成长。

（五）生命价值传承

个体希望将自己一生的经历作为财富，以某种自己喜欢的方式传承给后人，以对后人的发展有某种借鉴和启示作用。

（六）动态发展

叙事遗嘱的动态发展特征不仅反映为个体在不同生命阶段的变化和发展，也体现为超越空间和时间的人际互动方式，旨在促进人类对生命意义的寻求、反思和成长。

以上这些属性共同构成了叙事遗嘱的特点和意义。因此，叙事遗嘱可定义为以生命价值观为导向，以尊重个体意愿和需求为前提，通过叙事形式呈现个体独特的生命故事，传达其对经历事件的整体体验、意义解读及生命理解，并以符合个体期望的形式保存和传承，以超越空间和时间的人际互动方式促进人类对生命意义的寻求、反思和成长。

四、叙事遗嘱的评估工具或经验指示物

叙事遗嘱是涉及个人生活故事、价值观、信仰和医疗照护决策的复杂概念，目前尚未出现统一的标准评估工具。以下是常见的叙事遗嘱评估工具或经验指示物。

（一）叙事质量评估量表

该量表用于评估文化社区环境中影响态度和行为变化的叙事元素，包括叙事特征、认同感和沉浸感分量表。研究表明，叙事特征、认同和沉浸感分量表具有较高的可靠性和效度，克伦巴赫 α 系数（Cronbach's α Coefficient）在 0.92～0.94，显示出良好的因子载荷（0.85～0.98）和模型拟合。叙事质量评估量表可以为医护人员提供有价值的信息，预测患者的态度和行为改变。

（二）叙事能力量表

我国现有的叙事能力量表是针对安宁疗护人员设计的，该量表是结合文献分析、质性访谈及德尔菲专家咨询法而形成的，包括关注回应和反思再现 2 个维度、21 个条目，信效度检验为可解释 78.626%的总方差，克伦巴赫 α 系数为 0.978，各维度的克伦巴赫 α 系数均在 0.9 以上，量表及各维度重测信度为 0.916～0.973。叙事能力量表适用于安宁疗护人员医学叙事能力的评估。

（三）叙事遗嘱内容分析

研究人员可以通过对患者的叙事遗嘱文本进行内容分析，探索其中包含的个人故事、价值观和医疗决策。

（四）叙事遗嘱满意度问卷

属于个人自设问卷，用于评估患者、家庭成员或医疗团队对叙事遗嘱编写和使用过程的满意度和效果。

（五）叙事交流评估

叙事交流评估是评估患者与医护人员之间的叙事交流和沟通效果的，常用基于叙事的沟通评估工具。

叙事遗嘱是相对较新的概念，相关的评估工具和经验指示物还在不断发展和完善中。目前，对于叙事遗嘱的评估主要依赖于定性研究方法，包括访谈和

内容分析等。未来随着对叙事遗嘱认识的深入和发展，将会出现更多的标准化评估工具和指示物，以帮助评估和提高叙事遗嘱的质量和效果。

五、叙事遗嘱的先决条件和产物

（一）叙事遗嘱的先决条件

1. 个体需求和意愿的表达。叙事遗嘱以尊重个体意愿和需求为前提条件，需要个体具备足够的心智和能力表达自己的意愿和需求。

2. 多学科团队的支持。团队成员包括医护人员、心理咨询师、社会工作者及法律咨询人员等，以保证叙事遗嘱书写和编制过程顺利进行。

3. 组织支持。叙事遗嘱的实施还需要来自所在医院和上级主管部门的支持，给予叙事遗嘱需求者和供给者必备的资源、条件和设备等。

4. 制度完善。需要建立叙事遗嘱的需求表达机制、实施和监督机制，确保叙事遗嘱实施的规范性。

5. 法律保障。叙事遗嘱涉及医疗决策和个人意愿的表达，因此需要遵循相关的法律和伦理准则，确保患者的权益和利益得到保护。

（二）叙事遗嘱的产物

1. 保障患者自主决策权。实施叙事遗嘱可以保证患者的个人意愿得到充分尊重。通过叙事，患者的生命价值观、信念和医疗照护意愿等得以明确表达，可保证患者自主决策能力得到充分尊重。

2. 深化沟通内涵。叙事遗嘱的实施有助于家庭成员和医护人员更好地理解患者的意愿和生活经历，减少潜在的家庭冲突和医患冲突。

3. 辅助医疗决策。医护人员可以参考叙事遗嘱内容，做出更为个性化和符合患者意愿的医疗照护决策。

4. 促进生命成长。撰写叙事遗嘱可以促进个体的生命成长。通过整理个人故事，个体可以更好地面对生活的起伏，增强对自己生命的认同感与满足感。

5. 社会文化传承。实施叙事遗嘱有助于将患者的生命价值观和生命经历传承给后代，促进家族和社会的文化传承。这不仅是对患者个体的尊重，也是对社会文化价值的传承。

在个人撰写叙事遗嘱的过程中，生命价值观起着至关重要的引导和塑造作用，而叙事遗嘱本身则成为这些生命价值观的具体体现和传递媒介。这种互动关系对个人及社会均具有深远的意义，它不仅促进个人深入理解自身的生命价值，也对社会价值观的延续提供了坚实的文化基础。这种相互映射的联系丰富了我们对生命的认知，并在叙事遗嘱的传承中，将人类对尊严、爱与责任等核心价值的深刻洞察传递给后世。

六、叙事遗嘱的典型案例

患者：王先生，68 岁，是一位退休工程师，肝癌晚期。在接受化疗和放疗的过程中，王先生逐渐感受到身体的虚弱和痛苦，他开始考虑未来的医疗照护和生命终末期的决策，并决定通过叙事遗嘱来表达自己的意愿。以下是王先生叙事遗嘱的部分内容。

时光之舞：我的生命旅程

亲爱的家人、朋友和医生、护士，当你们读到这些文字时，我可能已经迈入生命的黄昏。我的心中充满了对你们的感激和对这段旅程的领悟。请听我述说我的故事，因为这是我给生命的最后一份礼物。

我的生命如同一本厚重的历史书，记录着时光的变迁和我所见证的人生百态。我的生命是一场独特的舞蹈，留下了无数美好瞬间和深刻体验。我喜欢研究人类历史，阅读过大量书籍，在我看来，生命是一部伟大的史诗，每个人都是其中不可或缺的篇章。在我漫长的生命旅程中，我见证了社会的变革、科技的飞速发展，也品味了爱情、友谊、失落和重逢。这些都是我生命中的重要时刻。我希望我的最后时光是平静而宁静的。在面对生命终结的时刻，我希望被家人陪伴，听着我最喜欢的音乐，感受着爱的包围。生命是一场奇妙的旅程，每个人都在这场旅程中塑造着自己的独特理解。我感悟到，真正的富足不在于物质，而在于内心的宁静和对生命的感激。当我走向生命的尽头，我希望家人和医生、护士能够理解并尊重我的意愿，为我提供最为温暖和体贴的关怀。我愿意在家中度过最后的时光，感受家人的陪伴。

我亲爱的家人和朋友们，请记住这段旅程的美好。在我离去后，请为我庆祝，因为我相信，我将融入时光的河流，成为永恒的一部分……请将我的故事出版成我爱的专辑，放在我的墓碑前，也留一份给我的家人，我要将这份爱和带着生命色彩之歌的人生经验留给我的孩子们……

这个典型案例展示了叙事遗嘱在个体表达自己生命意愿中的重要性。通过叙事遗嘱，患者可以表达个人的生命价值观、信仰和医疗照护意愿，帮助医疗团队更好地了解患者的需求，并提供更加个性化的医疗照护。叙事遗嘱还能够为患者家庭成员和医疗团队提供指导，确保在患者生命的最后时刻，能够以尊严和关怀来结束生命的旅程。

叙事遗嘱概念分析具有潜在的价值和意义，但仍存在一些不足之处和需要进一步探讨的内容。首先，概念分析本身可能存在一定的主观性和局限性，后续有待采用定量与定性相结合的方法开展深入的实证研究，以进一步验证叙事遗嘱的实际应用效果。未来研究也可开展具体案例分析和实验研究，评估叙事遗嘱在不同文化背景和社会群体中的应用效果和影响。其次，虽然本章对叙事遗嘱与其他相关概念之间的关系进行了初步探讨，但这些概念之间的相互影响和交叉领域仍有待深入研究，需要进一步细化相关概念的边界，探讨其在不同情境下的互补和融合情况，从而更全面地理解叙事遗嘱的独特价值和作用。最后，还应注重叙事遗嘱的文化属性。由于不同文化背景的人们对生命意义和生命价值观的理解可能存在差异，因此需要探索叙事遗嘱在不同文化中的适应和推广策略，以促进其在全球范围内的应用和交流。

第三章　叙事遗嘱与传统遗嘱

传统遗嘱是一份个人在生前撰写的文件，表达了个体关于死后遗产分配、代理人选择等事项的意愿。叙事遗嘱则更侧重于通过故事性叙述表达个体的人生经历、生命价值观和情感体验。

一、叙事遗嘱与传统遗嘱的区别

（一）形式与结构

传统遗嘱采用正式的法律文件形式，结构通常遵循法律规定，有一定规范的模板，确保了条款的清晰和准确，目的是通过明确的法律语言确保遗产的有序分配。叙事遗嘱以更为自由、抒情的形式呈现，可能包含回忆、感悟，甚至诗歌。其结构常受到情感流动和个性表达的影响，更注重个体生命经历的自由展示。

（二）内容的侧重点

传统遗嘱关注的是遗产的划分、法律义务的规定。其内容更侧重于保障遗产的合法传承，确保法定程序的顺利进行。叙事遗嘱通过深入的个体经历叙述，传递个体的智慧和生命价值观，强调生活的丰富性，强化对个体生命意义的探讨。

（三）语言风格的差异

传统遗嘱以正式、明确的法律术语为主，采用无歧义的语言，确保严谨性。叙事遗嘱使用更为生动、富有情感的语言，可能包含更多的修辞手法，如隐喻、比喻，以创造出更具体的画面感。

（四）目的与重要性

传统遗嘱强调法律保障的重要性，确保遗产的有序分配，有助于减少家庭纠纷的产生，对于财务安排和法律层面的合法性非常重要。叙事遗嘱注重对家族历史、智慧和情感的传承，对于后代的教育和家族情感联系有着重要作用。其价值在于超越法律规定，更深刻地传递人生的体验和感悟。

（五）接受者和语境

传统遗嘱具有法定的正式性，需要在法律环境中执行，涉及法定程序和需要法律专业人士的参与，更注重法律的执行和遵循。叙事遗嘱更适合在亲密的家庭和朋友范围内分享，强调情感联系，更注重人际关系的建立和传承。

二、叙事遗嘱与传统遗嘱的联系

（一）共同关注遗产传承

叙事遗嘱与传统遗嘱都关注遗产的传承。传统遗嘱明确规定了遗产的分配方式，确保法定程序下的遗产有序转移。叙事遗嘱虽然强调情感和智慧的传承，但其中也包含对遗产的思考，以及对如何保护和合理分配遗产的关切。

（二）可能共存法律效力

相对于传统遗嘱，叙事遗嘱的法律效力可能不那么明确，但在一些情境下，通过特定的法律程序和证明，叙事遗嘱也可以具有法律效力。因此，在某些情境下，两者的法律地位有所交融。

（三）强调家庭和社会关系

叙事遗嘱与传统遗嘱都关注家庭和社会关系。传统遗嘱通过遗产的明确分配来维护家庭关系的稳定，而叙事遗嘱通过对人生经历和生命价值观的叙述，强调家庭和社会中的人际关系，促进家族的凝聚力。

（四）表达个体意愿

叙事遗嘱与传统遗嘱都是个体对未来意愿的表达。传统遗嘱通过法律术语规定具体事项，而叙事遗嘱则通过更为生动和情感化的叙事表达个体的愿望和期望。这两种表达方式在传递个体意愿方面存在共通之处。

（五）法律程序的参与

在一些国家和地区，叙事遗嘱可能需要经过一定的法律程序和验证才能生效。这意味着，即使在形式上属于叙事遗嘱，其在法律程序上仍可能与传统遗嘱有相似之处，涉及法律专业人士的参与。

（六）对未来的思考

叙事遗嘱与传统遗嘱都表达了对未来的思考。无论是关注家族关系、遗产分配，还是强调情感传承，两者都体现了对未来世代和社会的思考和期望。

叙事遗嘱与传统遗嘱虽然形式和侧重点不同，但在一些核心问题上存在交集，共同构建个体对生命价值观和遗产传承的深入思考。

三、叙事遗嘱与传统遗嘱的发展

随着社会老龄化的发展，叙事遗嘱将更加被看重，并得到法律的保护。叙事遗嘱不仅仅是一份文件，更是传递家族智慧、生命价值观和情感的重要工具。生命意义的寻求和发展是人类永恒的话题，也是人类实现终极价值意义的体现。1998 年，世界卫生组织（World Health Organization，WHO）将灵性健康纳入人类健康的组成部分，并表示患者的生理、心理、社会及灵性需求应得到全面的照护。2012 年，WHO 将灵性照护纳入国家和国际政策中。而个体对生命反思、生命成长、人生价值意义的深刻思考和传承既是个体灵性需求的迫切表现，也是个体追求灵性健康而促进全人健康的深度表达。叙事遗嘱在老龄化社会为灵性健康的实现提供了可能性，可帮助老年人表达内心感受、化解情感困扰，对他们的心理健康和灵性健康至关重要。

传统遗嘱也会随着社会老龄化的发展而更加注重适应老年人心理需求，其法律框架也会更具弹性，以容纳对护理、医疗、家庭支持等方面的规划，强化老年人权益的法律保障。传统遗嘱的制定可能会更多地借助数字化和智能化工具，使老年人更容易理解和操作，有望提高传统遗嘱的普及率，保障老年人的法律权益。

随着文化多元化的发展和个体化照护的倡导，叙事遗嘱的制定会更重视文化差异因素，叙事遗嘱与传统遗嘱的发展方向将更多地聚焦于个体的全面需求，包括情感、心理、法律、健康等多个方面，以建设更为人性化和关怀型的社会环境和老年照护服务体系。在老龄化社会转型中，有机整合叙事遗嘱、传统遗嘱和养老规划的服务，为满足老年人的全面需求提供了可能性。同时，建立健全专业支持网络，包括法律、心理、医疗等多个方面的专业人才，为老年人提供全方位的支持和指导。

四、叙事遗嘱与传统遗嘱的实践

通过对叙事遗嘱与传统遗嘱的案例分析，我们将深入理解它们的区别和联系，以及在实际生活中的应用和影响。

（一）案例一：叙事遗嘱的独特表达

来自玛丽的叙事遗嘱（节选）

亲爱的家人和朋友们：

我写下这段文字，因为我意识到时光不等人，生命有限，我想与你们分享我的内心感受和对未来的期许。这不是一份法律文件，而是我心灵的延伸，是我对生命的一次深刻反思。

在我漫长的人生旅途中，我经历了许多欢笑、泪水、胜利和挫折。我怀念那些温馨的家庭时光，感激每位曾经陪伴过我的人。我的一生充满了丰富的色彩，而这些色彩正是你们赋予的。

家人是我生命中最大的宝藏。感谢你们无私的爱和支持。我的心中充满了对你们的深深眷恋。无论未来如何，我都希望你们能够紧紧团结在一起，互相关心、互相扶持。

我希望我的孩子们，以及将来的后代，能够珍惜人生，勇敢面对困难，保持善良和正直。生活中的每个选择都是一次机会，希望你们能够用心去体验，学会感恩。

生死是自然的规律，我对此心存平和。我希望你们能够理解生命的脆弱，珍惜每一天。死并非终结，而是另一种形式的存在。请记住，我的爱将永远与你们同在。

朋友是我生命中的知己和伙伴。感谢你们在我生命中留下的美好瞬间。希望你们继续用心生活，发现生命的美好。

最后，我希望你们在我离去后，不要过分沮丧。回忆我时，可以是微笑着的。愿你们在未来的日子里，继续努力追求自己的幸福，因为你们值得拥有美好的生活。

这是我对生命的最后一份礼物，也是对你们深深的爱的见证。感谢你们一路以来的陪伴，愿我们的爱能够超越时空，永远存在。

爱你们的，

玛丽

通过上面这个案例，我们可以了解叙事遗嘱的独特表达方式。在这份叙事遗嘱中，玛丽以自由而抒情的语言回顾了她的一生。她叙述了成长过程中的艰辛与欢乐，用文字诠释了她对人生的理解。这样的叙述是对自身经历的总结，是对后代的一份深刻寄语。玛丽在叙述中将家族的智慧、价值观传递给后代，强调家族的凝聚力和人生的深刻意义。这种情感的传承超越了传统遗嘱所能提供的法律规定，使叙事遗嘱成为一份家族的情感财富。但在正式叙事遗嘱文件中，可能还包括个体一生中重要时刻的故事阐述。

（二）案例二：传统遗嘱的遗产规划

与此同时，我们也研究了理查德的传统遗嘱。理查德在传统遗嘱中注重财务规划和法律层面的安排。他清晰地规定了遗产的分配，明确了遗产继承的法律程序，使用精确的法律术语，确保传统遗嘱的法律效力。理查德的传统遗嘱侧重于为家庭成员提供财务上的保障，减少了潜在的法律争端。

理查德的传统遗嘱（节选）

遗嘱起草日期：2024 年 7 月 15 日。

我，理查德·约翰逊，在充分清醒和自愿的情况下，为了保障我财产的分配和继承，特此制作并声明这份遗嘱。

我的财产包括房产、金融资产及其他财产，我希望这些财产按照法定继承顺序进行分配。我的子女将在财产分配中得到公正的份额。

我指定我的长子约翰·约翰逊为我的遗产执行人。他将负责确保我的遗愿得以实现，财产按照我的要求分配。

如果我和我的现任妻子同时去世，我希望我的弟弟彼得·约翰逊担任子女的法定监护人。

我希望从我的财产中捐赠一部分给慈善机构，具体金额由遗产执行人决定。

我的财产中的债务将由我的财产偿还，如果财产不足以偿还，剩余部分将由我的子女按照法定继承比例分担。

我希望我的遗产用于子女的教育、健康和生活开支。具体的遗产分配将由我的遗产执行人和子女共同商定。

我的遗产分配将在我去世后的 3 个月内开始进行，以确保迅速且公正地执行我的遗愿。

我希望我的葬礼简单而庄重，不需要奢华。关于葬礼和相关事宜，我委托我的妻子和遗产执行人商定。

我确认这份遗嘱是我的真实意愿，并且在签署时我是在清醒的状态下，并没有受到任何外部影响。

签名：理查德·约翰逊

日期：2024 年 7 月 15 日

通过对这两个案例的比较，我们可深化对叙事遗嘱与传统遗嘱的理解。叙事遗嘱在情感表达上独具特色，强调对生活经历和家族传统的叙述，着重于情感的传达及传承。相较之下，传统遗嘱更加侧重于法律规定，强调财务规划和法律效力。两者在表达形式和侧重点上存在明显差异。

与传统遗嘱侧重财产分配和法律效力不同，叙事遗嘱以生命叙事为核心，强调个体价值观、情感体验和意义传承。二者均体现个人意愿，但叙事遗嘱通过故事化表达，使遗嘱不仅是法律文件，更成为跨越时空的情感对话和精神遗产。传统遗嘱确保物质传承的确定性，而叙事遗嘱则拓展了遗嘱的内涵，促进生者对生命意义的反思与共情，实现物质与精神的双重延续。

随着社会的不断发展，人们对遗嘱的期望也在发生变化。未来，我们有望见证更多整合法律规定和情感表达的新型遗嘱的出现。这些新型遗嘱可能融合了叙事遗嘱的情感表达和传统遗嘱的法律规定，创造出灵活且个性化的文件形式，既能提供法律保障，又能传递情感信息。在实际生活中，个体可以根据自己的需求和价值观选择适宜的遗嘱形式。这种选择不仅从法律层面得到保障，也为情感的传承创造丰富的可能性。未来，随着社会观念的不断演变，我们可期待更多创新的遗嘱形式涌现。

第四章　中国传统文化视角下的叙事遗嘱

叙事遗嘱通过叙述和记录个人的人生故事，传达人生阅历、经历、感悟和智慧。传统文化为叙事遗嘱提供了深厚的文化土壤，塑造了叙事遗嘱的内涵、形式与功能，突显了传统文化在传播生命故事方面的独特作用。

一、传统文化价值观与叙事遗嘱

在中国传统文化中，个人的行为和思想深受传统文化价值观的影响，尤其是儒家文化思想。叙事遗嘱作为个体自我表达与家族文化传承的载体，融入了这些文化价值观，成为家族与社会责任的见证，突显对生命的尊重与对传统文化的敬仰。

（一）家族责任与孝道观念

孝道强调个体对家庭，尤其是对父母的敬爱与责任。在传统文化中，家族被视为社会的基本单元，个体的成长与行为受到家族文化的深刻影响。叙事遗嘱作为个体生命经验的总结，通过真挚的文字深情地表达对家人的感激与敬爱，特别是对父母长辈的孝敬。这是孝道观念在叙述遗嘱中的生动呈现，这种孝道观念体现在日常生活中的关爱与照顾，在遗嘱中升华为对家族责任的郑重承诺。通过叙述遗嘱，个体也可以追溯家族的历史与文化，强调孝道的传承和家族价值观念的延续，促进家族成员之间的情感联结与文化认同。

（二）传承家训与智慧

家训作为家族智慧的载体，蕴含着对为人处事的道德准则、生活哲理及人际关系等生命历程的反思和深刻思考。叙事遗嘱常有总结个体一生的智慧之言，是对后代的启示和生活指南，更是对家族文化的传承。个体通过遗嘱中对道德伦理、职业行为及人际交往的深刻总结，为后代提供生活指南。因此，叙述遗嘱记录了过往岁月的沉淀与感悟，汇聚了家族成员的生命阅历，转化成重要的生命共享资源，作为家族的精神财富，利于塑造良好的家族风尚。

（三）尊重传统文化

中华民族的传统文化深植于每个家庭与个体的生活之中。个体在叙事遗嘱中可通过回溯家族历史、讲述家族故事及文化风俗等方式展示家族文化的独特性与历史深度，为后代描绘家族在社会中的地位、文化的延续及个人生命的意义。同时，个体在叙事遗嘱中可追溯祖辈的奋斗与智慧，表达对传统文化的敬意，体现对家族先辈的追忆与感恩。同时，叙事遗嘱承担着联结过去与未来、个体与家族、个人与社会的多维空间，传承中华文化、弘扬家族传统的责任。

（四）修身养性与自我修养

修身，即通过修炼自身的品德与素养来实现个人的道德完善，是我国传统文化中儒家思想比较推崇的重要内容。叙事遗嘱记录的个体人生经验中，有自己最想记录的故事，也有对这些故事的深刻思考和反思。修身养性的思考涉及自我行为的规范、对他人的关爱与宽容，以及对社会发展的期望与建议。因此，叙事遗嘱能通过自身经历总结、反思和建议传达，推动个人与社会的共同进步。

（五）社会责任与社会期望

通过叙事遗嘱，个体可以回顾自己一生中的社会参与与贡献，表达自己对社会公平正义的渴望，以及对弱势群体的关怀。它体现了中华民族“仁者爱人”理念，是个体将一生经历转化为生命成长后的社会责任和对后人的谆谆教导，是个人情怀融入国家和社会中的深刻表现。个体会表达对社会变革、环境保护、社会福利等议题的关注，表达对未来社会发展的期望。这种社会期望的表达，实际上是对后代的责任教育，旨在通过自身的一生经验和社会思考，鼓励后代更加积极地承担社会责任，回馈社会，实现个人与社会的共同进步。总之，个体通过叙事遗嘱赋予社会责任新的内涵，激励后代，始终坚守道德与社会责任，推动社会的和谐发展与进步。

二、传统生死价值观与叙事遗嘱

叙事遗嘱是个体一生经历的丰富总结，承载了对生死的哲学思考和对生命意义的诠释。

（一）独特的生命资源

每个人的一生都蕴含着独特的生命智慧与经验，而叙事遗嘱则是这种生命智慧与经验的结晶。个体在生命的尽头，通过遗嘱将自己的思考、感悟和经验传递给后代，既是对个人生命的总结，也是对生命意义的传递。每个人的生命，无论长短、富贵贫贱，都在宇宙的浩瀚与人类的历史长河中占据一席之地，成为人类共同的“生命资源”。这种“生命资源”的概念强调了个体生命的不可替代性与价值，也突出了每个人对社会、对家族、对文化的贡献。

（二）生命智慧的启示

叙事遗嘱常有着对生命意义的深刻反思。通过叙事遗嘱，个体的生命智慧得以传承，后代通过这些文字找到启示和力量，获得关于生命的理解。叙事遗嘱可以成为此生与彼生的联结纽带，跨越时间与空间，影响后人。通过这种方式，死亡不再是结束，而是生命延续的起点。

（三）生命遗产

传统文化中的生死价值观赋予叙事遗嘱深刻的内涵。通过叙事遗嘱，个体总结一生的道德实践与人生智慧，同时将生死观、家族责任和精神遗产传递给后代。叙事遗嘱作为对死亡的告别，承载着文化与智慧的传承。死亡在这一过程中被赋予了新的意义，成为生命延续与智慧传递的关键环节。叙事遗嘱作为连接生死的桥梁，使得个体的生命在时间与空间中得以延续。它不仅总结过去，更为未来指引方向，铺设了通向智慧与生命意义的道路。

三、传统文化习俗与叙事遗嘱

（一）传统节日与习俗的反映

中国传统节日和习俗深刻影响着个体的生命体验和文化认同。叙事遗嘱可能通过对传统节日和习俗的记载，体现个体对传统文化的尊重和传承。例如，春节、中秋节等承载着丰富的文化内涵，而习俗则是生活的一部分。通过叙事遗嘱，个体可以强调对传统节日的珍视与参与，传承并弘扬传统的节庆文化。这既是对传统文化的尊重，也勾勒出充满欢乐与仪式感的家族图谱。

（二）文学与诗词的融合

中国传统文学，尤其是诗词，是中华文化的瑰宝，深刻影响着叙事遗嘱的表达方式。传统的文学修辞、意境营造及诗词的情感表现手法，为叙事遗嘱提供独特的语言形式。在撰写叙事遗嘱时，个体可能通过叙述家族故事和个人经历，运用诗歌等文学形式来表达情感与人生智慧。叙事遗嘱中的文学艺术风格能体现传统文化的底蕴，使其成为情感丰富、思想深刻的文化传承形式。

（三）传统礼仪文化的影响

中国传统文化强调礼仪与仪式感，叙事遗嘱能体现出对这些礼仪文化的传承，尤其是对长辈的敬重、对家庭和社会的责任感等方面。尊重礼仪、讲究仪式感是传统文化的核心特点之一，叙事遗嘱在这一背景下展示对家庭、家族、社会的责任与义务。个体通过叙事传递对传统礼仪的遵循，呈现出崇尚礼仪的家族画卷。

（四）人生总结与思考

叙事遗嘱中常涉及对生活的总结和思考，这与中国传统文化中的人生观、价值观，以及哲学思想紧密相关。传统文化中儒释道等不同思想体系对于人生意义、生命价值的理解影响着个体在叙事遗嘱中的表达。在叙事遗嘱中，个体可总结自己的人生经验，反思生命的意义和价值，探讨人际关系、社会责任和内心平和。

（五）中医与养生观念

中医和养生文化是中国传统文化的重要组成部分，强调身心和谐与自然平衡。叙事遗嘱中会涉及对中医理论、养生之道的传承，特别是强调健康生活、食疗、气功、和谐的身心状态等传统养生智慧。这些理念反映个体对健康的关注，传递家庭成员间对长辈健康的关怀与照顾。个体在叙事遗嘱中，或者会介绍自己对养生的实践与心得，或者分享家族的健康经验与传统治疗方法，便于将生活的智慧和健康的生活方式传递下去，体现对传统医学与养生智慧的文化传承。

（六）传统艺术元素的融入

中国传统艺术，包括绘画、音乐、戏曲等，也是叙事遗嘱中涉及的重要元素。个体通过艺术的表达方式传达自己的人生感悟，丰富叙事遗嘱的内容和表现形式。例如，个体可通过诗词、书法、绘画等艺术手段，将家族的历史、个人的经历、人生的感悟及对未来的期许，融入叙事遗嘱的表达中。这种艺术的融入使叙事遗嘱更加富有情感和美感，增强了文化传承的价值。

传统文化习俗与叙事遗嘱的关系密切，传统节日、诗词文学、礼仪文化、哲学思考、养生智慧等元素深刻影响叙事遗嘱的形成与发展。叙事遗嘱是对个人经历的总结，也是传统文化的精髓与智慧的体现。传统文化中的节庆、礼仪、哲学思想等构成了叙事遗嘱的深厚文化土壤，丰富了叙事遗嘱的内涵。这种从传统文化中汲取力量的叙事遗嘱，不仅为个体提供生命的总结与反思，也为家族和社会传递丰富的文化内涵和独特的价值意义。

叙事遗嘱作为一种现代生命叙事实践，与中国传统文化价值观既存在精神共鸣，又展现出时代性的创新。中国传统文化的伦理观、生命价值观与叙事遗嘱追求生命意义传承的内核高度契合。传统生死观中“天人合一”的哲学思想、“厚养薄葬”的实践智慧，在叙事遗嘱中转化为对生命体验的完整性呈现和对个体价值的尊重。叙事遗嘱不仅丰富了临终关怀的人文内涵，更在现代化进程中为传统文化价值观的创造性转化提供了实践路径。

第五章　积极老龄化背景下实施叙事遗嘱

积极老龄化是从WHO发起的“积极老龄化全球运动”中延伸出的理念，是将老龄化看作一个正向的、富有生机的过程，强调老龄群体的健康生活和社会参与的重要意义。积极老龄化概念包括“健康”“参与”“保障”三大支柱。“健康”是以生命历程视角为发展政策导向，关注全生命周期对老年期的影响，最大限度维持个人的独立性、幸福感和尊严，满足全社会成员年老时的基本需要和基本权利；“参与”是将老年人视为社会的积极参与者，实现其健康发展、能力发展和价值发展，提高老年人的自我效能感；“保障”指鼓励家庭和社会参与，采取系列活动和环境措施，使老年人活得有尊严、有价值和有意义。

积极老龄化背景下，以老年人一生宝贵经历为叙事视角，通过个体独特的生命故事诠释生命价值和意义，实现对生命的尊重和敬畏。叙事遗嘱作为特殊形式的个体生命遗产和生命记录，成为表达和传递生命价值观的重要工具。叙事遗嘱的理念、目标及参与社会贡献的方式是对积极老龄化战略需求的积极回应。

本章采用SWOT分析法，探讨积极老龄化背景下实施叙事遗嘱的优势、不足、机遇和困难，根据分析结果给出实施叙事遗嘱的建议，旨在为我国积极应对老龄化提供参考。

一、积极老龄化背景下实施叙事遗嘱的优势

（一）丰富的叙事资源

老年人自身有着丰富的叙事资源，因为他们是历史的见证者、生命的编织者，承载着岁月的沉淀和智慧的积累。丰富的叙事资源是开展叙事遗嘱的保障。

1. 个体生命故事。老年人的生命故事是一部跌宕起伏的长卷，记载了时光的痕迹，见证了社会的变革。在他们的生命旅程中，蕴藏着丰富的人生经

验，如同一本古老的书籍，揭示着过往岁月的风云。他们的故事提供生命的脉络，对研究个体生命轨迹和社会历程有着重要意义。

2. 家族文化的传承。我国历来重视家庭文化的塑造与传承，老年人的一生承载着自己祖先的文化印记和对下一代的深切期望，这些印记和期望包括家族的起源、价值观念、传统习俗等，并以家谱、家训和家书的方式传递。故老年人是家族文化的传承者，其一生经历也是家族文化传承的重要组成部分。

3. 时代变迁的见证。老年人是历史的见证者，见证了时代的变迁，对社会、文化、科技的变迁有着切身的经历和独特的见解。

（二）多样化的叙事方式

多样化的叙事方式为叙事遗嘱的开展提供了可能性。

1. 自传叙事。自传叙事是以个人生命为主线，由个体亲自叙述的文字或口头表达形式。自传叙事关注个体的成长、经历、感悟和变迁，是系统的自我表达，可以充分地表达个人意愿，真实地表达个体的想法，是叙事遗嘱的常用表达方式。在自传叙事中，个体可以根据自身需求适当地应用一些关键要素和技巧，如选择关键时刻、时间线和结构、反思和成长、对话和对白等促进表达。

2. 艺术叙事。艺术叙事为老年人叙事遗嘱的表达增加了丰富的色彩。艺术叙事是借助艺术形式（视频、摄影、绘画、戏剧、舞蹈、音乐、文学、诗歌或小说）展开叙事。某些创伤老年人无法用语言描述，采取艺术叙事更容易接近其真实的内心世界。例如，通过纪录片记录老年人一生的旅程，以纪实的方式展示老年人的晚年生活和精神面貌。

3. 数字叙事。数字叙事是利用数字媒体和技术手段来叙述故事、传达信息或表达观点的叙事方式，涵盖多种数字媒体，包括文字、图像、音频、视频及互动元素等。

我国学者汤斯燚从技术具身理论视角出发，将数字叙事分为三种：基于参与者身体数据与生理信号驱动的互动叙事、参与者操纵数字分身代理实践的互动叙事、基于参与者身体地理位置实现的互动叙事。研究发现，人与媒介物共生的交互行为使数字叙事建构呈现出体验性、事件性、偶发性、空间性及涌现性等特征。数字叙事是动态的、建构性的叙事，这种叙事方式更符合当下社会发展趋势及大众对叙事表达方式的需求。

（三）人文关怀的回归

重视老年人的精神健康是完善养老服务体系、提升服务质量的关键任务，也是维护广大人民群众根本利益、解决人民最关心的问题的重要举措，对于确保老年人享有幸福的晚年生活至关重要。在我国，推行叙事遗嘱是体现人文关怀和灵性照护的重要方式。

1. 满足精神需求。叙事遗嘱的实施是叙事护理的一部分，标志着我国医疗人文关怀的复兴，以积极应对老龄化带来的挑战。它满足了老年人对高品质养老服务，尤其是精神层面的需求。

2. 实现精神健康。关注并满足老年人的精神健康需求，是深层次人文关怀的体现。老年人希望与他人分享自己的故事，传递生命体验、价值观和生命愿望，叙事遗嘱正是这种内心渴望的体现。

3. 肯定生命价值。叙事遗嘱是个人价值确认和认可的方式。它不仅是个人宝贵经历的积累，也是对个人生命历程的总结和反思，是家庭爱的延续。社会对叙事遗嘱的认可是对个人社会贡献的肯定和纪念。

二、积极老龄化背景下实施叙事遗嘱的不足

（一）相关概念界定不明

叙事遗嘱是相对新的概念，其定义可能因不同背景、学科和文化而有差别。

1. 医学视角下的叙事遗嘱可能偏重个体的医疗照护决策、个体的病程记录等。

2. 社会学视角下的叙事遗嘱偏向对社会文化及价值的贡献。

3. 心理学视角下的叙事遗嘱更关注对个体心理健康及生命意义的影响。

虽然从不同学科的角度对叙事遗嘱有不同的定义，但无论从哪个视角，均是对叙事遗嘱价值的认可和对相关文化知识的融入，其目的均是满足个体对人生价值、意义的探寻，对家庭乃至社会精神文明的传承，所以应对叙事遗嘱的理念、实施的文化适应性及实施的主客体有清晰的认识，保证叙事遗嘱实施的灵活性。

（二）叙事遗嘱实施程序未标准化

叙事遗嘱实施程序尚在构建和讨论中。目前叙事遗嘱实施程序相关研究主

要集中在叙事医学、叙事护理及生前预嘱实施程序等领域。叙事医学领域关注叙事主体、叙事素养、叙事教育及叙事能力培养，特别是平行病例的书写和述评。目前尚无统一的叙事护理实施步骤和标准。生前预嘱主要以“我的五个愿望”形式实施推广，主要表达个体医疗决策自主权和尊严得到充分尊重，但均没有确定实施程序。故目前仍需继续研究，加大研究领域的成熟度、实施环境的适配性，并在保持文化敏感性的基础上实施叙事遗嘱。

（三）叙事遗嘱实施团队尚未建立

叙事遗嘱的制定和实施涉及多学科领域，需要多学科团队的协同合作。理想的叙事遗嘱实施团队包括医生、护士、护工、社会工作者、心理咨询师/心理治疗师、医学伦理专家、信息技术专家、翻译及跨文化专业人员、法律专业人员等。由于整体耗时较长，需要根据个体具体情况调节实施方案和步骤，根据环境支持匹配情况及具体科室或者社区组织的保障情况，考虑实施团队的人员选择。多学科团队是保障叙事遗嘱的理念充分落实、切实尊重个人意愿、满足个人需求的前提条件。同时，多学科团队可保障叙事遗嘱实施过程顺利，促进叙事知识体系的构建。

三、积极老龄化背景下实施叙事遗嘱的机遇

（一）需求支持

我国老龄化趋势的现实性、紧迫性和严峻性，高品质养老照护服务需求的呼唤，特别是深层次的人文关怀供给服务不足现象，已成为推进我国养老服务体系建设道路上的深层次问题。《“健康中国 2030”规划纲要》提出，立足于全人群和全生命周期的全民健康理念积极开展健康老龄化服务，推动开展老年心理健康与关怀服务。叙事遗嘱是走进老年人内心的深度人文关怀模式，是精神传承，是爱的传递和情感联结，也是哀伤抚慰。自 2019 年杨晓霖教授成立首个生命健康叙事分享中心起，全国已有多家医疗机构设立生命健康叙事分享中心，叙事医学研究基地、叙事护理工作坊等相关机构也广受欢迎。根据调查，安宁疗护、健康教育、疾病科普、疾病诊疗等场所开展叙事医学的比例都在 50%以上。这表明只要是与患者有交集的场所，就有开展叙事遗嘱的需求。

（二）战略导向

话语体系和叙事体系紧密相连、互相成就，前者为后者创设学理论证，后

者为前者提供传播场域。在“健康中国 2030”大健康语境下，积极推进叙事理论与实践，对促进我国医院叙事生态构建意义非凡。高品质生命健康关怀的需求和全人照护服务理念的呼唤，促使叙事遗嘱逐渐进入大众视野而成为关注热点。叙事遗嘱是落实深度人文关怀照护的方式之一。

（三）数字技术的支持

数字技术的兴起，对文学、绘画、电影、戏剧等传统内容的创作、生产和消费方式产生重大影响。而基于数字技术产生的数字叙事方式对于用户参与的影响无疑最为深刻。超文本小说、互动戏剧、互动电影、网络游戏等新型数字叙事方式，极大地刺激了用户的参与热情，用户通过链接、角色扮演、人机对话等方式实时参与叙事，其行为甚至可以改变整个叙事的进程和结果。数字技术让叙事遗嘱可以用更富创意、互动和多媒体的方式呈现和传承故事，实现数据的实时更新和可视化，突破空间和文化的限制，更符合当下大数据时代的文化潮流，为用户提供更为丰富和沉浸式的体验。数字技术为叙事遗嘱的发展提供新的契机，增强了叙事遗嘱发展策略的便捷性、多样性和可及性。

四、积极老龄化背景下实施叙事遗嘱的困难

（一）个人隐私风险

叙事遗嘱的内容涉及个体隐私信息，因此，需要充分做好隐私保护。面临的风险可能有：未经授权的个体或机构访问；数字化叙事遗嘱可能面临“黑客”攻击、数据泄漏等数字化风险；叙事遗嘱的信息可能被第三方共享等导致隐私泄露。需要加强隐私保护策略、加强加密技术，定期审查隐私保护策略，更新技术以及符合法规的变化。

（二）相关专业资源匮乏

叙事遗嘱的实施需要一定的时间、空间、人员和组织保障等资源。目前，普遍缺乏有能力实施叙事遗嘱的多学科团队成员，实施时间亦无法满足。部分实施单位尚缺乏实施叙事遗嘱的空间和设备，如谈话间、生命健康叙事分享中心、叙事遗嘱分享所需的设备等。需要建立完善的制度体系、工作协调机制，以保证叙事遗嘱顺利实施。

（三）叙事遗嘱研究不足

1. 叙事遗嘱研究理论体系的系统性和层次性待完善，其发展需要相关学科、专业建立相应的理论体系。

2. 叙事遗嘱实践研究已深入教育、医疗等领域，但研究的标准化尚未统一，研究的有效性需要充分评估和验证。

3. 叙事遗嘱研究方法缺乏科学性。叙事遗嘱研究需要实证研究的支持，科学的评价方法可提高其研究的可信度和普适性。

4. 叙事遗嘱研究涉及多个学科领域，如文学、医学、心理学、社会学等，但叙事遗嘱中的学科边界并不清晰，而清晰的学科界定有助于形成更协调、有机的跨学科研究体系。

五、积极老龄化背景下实施叙事遗嘱的建议

（一）加强叙事遗嘱的教育和宣传

清晰界定叙事遗嘱的概念，确保其在实际应用中的准确性。加强宣传，提升公众的法律意识和公民责任感。通过教育机构、学术团体、社区活动和媒体，普及叙事遗嘱的知识、重要性和编写指南。具体措施包括：制作易懂的宣传材料；利用社交媒体发布相关信息和案例；在校园和社区开展课程和工作坊；定期举办关于叙事遗嘱的讲座和研讨会；汇编感人案例故事，通过文字、图片或视频展示叙事遗嘱的重要性；更新官方网站和社交媒体信息，使信息不断传递给更广泛的人群；举办叙事遗嘱日和法律咨询活动；提供免费或低成本咨询服务，帮助有需要的人了解、起草和更新他们的叙事遗嘱。通过多种渠道提高公众对叙事遗嘱的认识。

（二）加强组织保障和支持力度

确保叙事遗嘱实施流程的组织保障。具体措施包括：制定并修订叙事遗嘱实施指南，提供科学、标准化、简便易行的操作手册；建立专业叙事遗嘱咨询服务机构或组织，提供线下和在线服务；开发并推广在线平台和智能应用，促进叙事遗嘱实施的便利性；与社区组织、非营利机构和慈善团体等合作，共同推动叙事遗嘱的教育和宣传活动，为公众提供支持和资源；通过透明的服务流程和合理的费用结构，增强公众对叙事遗嘱服务机构的信任，确保公众愿意寻求专业协助；与政府合作，推动制定和完善相关法律法规，为叙事遗嘱的实施

提供法律保障。

（三）加强叙事遗嘱相关研究

扩展叙事遗嘱研究的深度和广度，确保实践的有效性。鼓励设立研究基金，支持从理念到实践的推广；保持文化敏感性，促进多学科交叉；鼓励实证研究，评估影响效果；编撰教材，加强培训体系和理论构建；在叙事医学和叙事护理中开展研究，使用多种方法评估效果；举办学术会议，促进经验交流。

（四）强化隐私保护机制

强化隐私保护机制是保证叙事遗嘱遵循伦理原则和尊重个体自主权的重要手段，特别是在数字化叙事遗嘱中。具体措施包括：采用高级加密技术；建立明确的权限控制体系，只有经过授权的人员才能访问和处理相关信息；定期审查，确保数字平台的安全性得到持续监测和改进；深入挖掘数字时代为叙事遗嘱提供的新机遇，探索更丰富的叙事方式，数字时代为叙事遗嘱提供了丰富的可能性，包括但不限于虚拟现实（Virtual Reality，VR）、增强现实（Augmented Reality，AR）和人工智能（Artificial Intelligence，AI）辅助等。

叙事遗嘱在人文关怀、文化传承和保护、安宁疗护等领域发挥着独特的价值。随着对其重要性的认知不断提高，以及法律、技术和医疗环境的进一步完善，叙事遗嘱将成为我们生命中的一部分，辅助实现生命价值和意义。

第六章　生命关怀视角下的叙事遗嘱

探索生命的本质和意义是恒久的人类追求。个体生命是时间的见证和空间的体现。生与死作为人类生命的两种基本状态，不断地在循环与流转中交替。每个人的存在都是一段充满特殊意义和价值的旅程，承载着生命需要传递的宝贵遗产。

每个人都是独特的，每个人经历的生活和内化的生命体验都具有独特的价值。重视个人的经历、体验、对生命的感悟和思考，不仅是个体完成生命任务、传递生命火炬的最佳证明，也是生命整体价值的体现。在大健康理念的背景下，我们应帮助生命终末期患者讲述好他们的生命故事，挖掘其背后的生命价值和力量。

一、叙事遗嘱的生命价值

（一）叙事遗嘱是精神传承

叙事遗嘱以口头或书面形式传递个人故事，可在患者面临困境时提供社会支持、情感支持和心理安慰。生命终末期患者丰富的人生阅历促进其对人生经历进行回顾思考，渴望能够与他人分享自己的故事，将自己的生命体验、生命价值观和意愿等传达给家庭成员、朋友和医疗照护者，这种心理需求能够通过叙事遗嘱得以满足。对生命终末期患者而言，他们深知生命的脆弱和不确定性，面对疾病和不可避免的死亡，他们更希望以书面形式（如书籍出版）或口头形式（如生命回顾）表达个人经历，向自己的后人乃至社会传达一生的宝贵经验。相比将叙事遗嘱作为治疗干预手段去实现个人短暂的生命满足感，他们更希望通过叙事遗嘱实现对未来传承的联结，获得生命终末期精神需求的满足感。

（二）叙事遗嘱是情感联结

叙事是个人情感的表达，无论健康状态如何，人们都倾向于通过口头或书面形式分享人生经历和观点。尤其在面对生命威胁时，个体更渴望表达生命价值。生命终末期患者意识到生命的脆弱，不愿将时间浪费在痛苦和纷争上。通过叙事遗嘱，他们将想法、意愿和决策传达给家庭成员和朋友，希望自己的意愿得到尊重。叙事遗嘱包含个人医疗照护决策、葬礼安排、人生态度、价值观、人际关系经验和处世智慧，体现对家庭和社会的关心与责任，是爱的表达。

（三）叙事遗嘱肯定人生价值

叙事遗嘱是生命终末期患者实现个人价值肯定的方式，是他们一生宝贵财富的积累，是对个人生命的总结和反思，是对家庭成员爱的延续。患者通过叙事遗嘱感受到存在的意义并希望在离世后继续有益于他人，是生命对自身价值的认可。

（四）叙事遗嘱是哀伤抚慰

生命终末期患者面临着身体痛苦、死亡的临近及对未来生活的不确定性，均会增加自身及其家庭成员的预期性哀伤。患者的离世会加重家庭成员的哀伤，特别是面对突发事件及没有做好充分心理准备的家庭成员，更容易发生哀伤现象。叙事遗嘱给患者和家庭成员之间提供了沟通的机会，通过叙事遗嘱的书写和告别，患者可以向家庭成员道歉、道谢、道爱和道别，缓解双方的焦虑和恐惧，提前做好心理建设。对于患者家庭成员来说，叙事遗嘱也是关怀和悼念的方式，让他们在失去亲人后感到慰藉和安慰，对于丧亲家庭成员的哀伤起到抚慰作用。

二、生命关怀视角下叙事遗嘱的内涵

叙事遗嘱在生命关怀理论和实践框架中扮演着重要的角色。生命关怀理论的核心理念在于将患者视为独特的、有着自己生命历程和价值观的个体，而叙事遗嘱为这一理念的实践提供了充分的表达途径。生命关怀理念强调对生命的充分尊重，维护人的尊严和权利，注重在个体生命的关键事件中体现生命关怀的本质。叙事遗嘱的独特之处在于，以口头或者书面等方式将个人的独特性和人生历程转化为有形的文本，成为对生命关怀的实质性见证。

（一）彰显生命的独特性

叙事遗嘱记录了每个人独特的生命经历，这些经历在个体心灵深处形成了一幅丰富的画卷。它们塑造了个体对生命的认识、感知和理解，表达了个体的生命价值观。叙事遗嘱成为记录和表达这些观点的工具，为患者提供了一个平台，使他们能够借此探讨对生命的独特看法，并将这些看法传承给后代。

（二）体现生命思考

叙事遗嘱不仅是生命的叙述和记录，也是生命价值观思考的体现。它通过叙述生命中的重要时刻、个体的信仰和价值观，实质上是在回应生命哲学的核心问题。个体通过书写叙事遗嘱，表达对生命起源、生存意义、伦理道德等方面的见解，并思考死亡和生命终结的问题。这种反思将个体的生命和对死亡的态度有机地结合在一起，使叙事遗嘱成为一种独特的思考形式。

（三）挖掘存在意义

存在主义强调个体对生命的主动创造和选择。叙事遗嘱的书写过程本身就是对生命的主动性和创造性的表达。个体通过叙述自己的生活故事、信仰和价值观，构建自己的存在之思，彰显对生命的积极思考和主动选择。叙事遗嘱通过叙述生命经历、家庭关系、信仰体系等方面，挖掘个体对存在意义的理解。

（四）探究生命意义

叙事遗嘱是个体对自己一生的回顾和总结，是对过去经历的整理，也是对这些经历赋予意义的过程。它强调个体与家庭成员及其他人之间的联结，以及个体在关系联结中的贡献和意义。叙事遗嘱不仅关注正面经历，也包括对挑战、困境和失落的思考，促进个体向死而生，更好地诠释生命意义。

（五）传承生命价值

个体通过叙事遗嘱将自己的存在意义和生命价值传递给后代。叙事遗嘱承载个体对生命的理解和体验，传递社会关怀和社会责任，激发后代对社会价值的认同。

（六）推动社会文明

接受死亡作为生命不可分割的一部分体现了社会文明的进步。叙事遗嘱的表达促进了生命的完整性，其对生命价值意义的关注和支持，利于推动社会关爱的进一步发展，是社会文明发展到一定程度的必然趋势。

总体而言，叙事遗嘱在生命关怀视角下具有深远的价值，它不仅关乎个体生命意义的探寻，还涉及家族和社会的生命价值传承与认同建构。它承载着丰富的生命历史、价值观和智慧，对于个体成长和社会的持续发展具有积极的影响。

三、生命关怀与叙事遗嘱

生命关怀与叙事遗嘱密切相关，两者共同构成了关于个体生命的关注和表达。在生命关怀的理念中，对个体的关爱和尊重是核心价值，旨在创造温暖、支持的环境，让每个个体都感受到自己的存在得到认可和珍视。而叙事遗嘱则成为实现这种关爱和尊重的独特途径。通过叙述生命故事和经历，个体得以在言语中自由表达内心感受，找到被理解和关怀的归属感。这种自我表达不仅是情感的宣泄，更是建立积极生命态度的契机。在叙事遗嘱中，个体的言语是生命的痕迹，被他人认真聆听和尊重，这种经历激发了积极的情感共鸣，有助于个体建立起对生命的乐观态度。因此，叙事遗嘱不仅是个体的自我表达，更是在关怀和尊重中促成积极生命态度的媒介。

（一）关爱与尊重

关爱和尊重被视为构建支持性、温暖的照护环境的核心要素。关怀者努力为个体提供全面、个性化的关爱，关注他们的身体、心理、社会和灵性层面的需求。这种关爱并非仅限于物质和生理方面，更涉及对个体内在世界的理解和尊重。在这个背景下，个体通过叙述自己的生命故事、思考和愿望，得以在言语中找到关怀的渠道。这是一种让个体自我表达、留下生命痕迹的方式，通过这样的表达，个体感受到他人对自己生命的尊重。叙事遗嘱使个体能够分享自己的人生经历、感悟和价值观，而这种分享同时也是对个体存在的一种重要肯定。

通过叙事遗嘱，个体的独特性得以凸显，他们的“声音”被赋予了重要性。这种被关怀和尊重的体验有助于个体建立积极的生命态度。个体感受到他们的存在对于他人而言是有价值的，他们的生命故事被听见、被理解，不仅增强了他们的自尊心，也为他们的生命赋予了更深层次的意义。

因此，关爱与尊重在生命关怀与叙事遗嘱的交融中形成一种互动关系，相互促进。关爱提供了支持和理解的基础，而叙事遗嘱则为个体提供了交流机会，个体得以在尊重中感受到关怀，进而建立起对生命的积极态度。这种关怀和表达推动个体在生命的最后阶段获得充实、有尊严的体验。

（二）沟通与理解

叙事遗嘱通过叙述生命故事、思考和愿望，帮助个体得以以言语或文字的形式传达内心深处的感受、想法和经历。这种沟通的机会为个体提供释放情感、表达真实自我的途径，从而在生命的尽头建立起深刻的连接。

沟通与理解是构建良好关系的重要元素。通过认真阅读和理解叙事遗嘱，照护者能够更深入地了解个体的生命历程，洞察他们的人生价值观、信仰和情感体验。这种深刻的理解有助于建立深厚的沟通基础，促进照护者与个体之间的交流。通过细致阅读叙事遗嘱，照护者能够感知到个体所经历的欢笑和泪水，理解他们在人生旅途中的得与失，从而全面地认识个体的独特性。这种理解有助于打破沟通的障碍，使照护者能够准确地回应个体的情感需求。这样的互动不仅可拉近个体与照护者之间的距离，也可在情感上建立真挚的连接。

因此，通过叙事遗嘱，个体能够得到理解和关心，而照护者则能够全面地认知个体的生命历程。这种沟通与理解的过程促使照护关系更为深入，使个体在面对生命终末期时能够感受到真实而温暖的陪伴。

（三）心理支持与慰藉

生命关怀的核心是为个体提供心理上的支持，而叙事遗嘱则成为独特的表达情感和寻找慰藉的媒介。在叙述生命中的喜悦、挑战和成就的过程中，个体不仅能够以言语或文字的形式表达内心深处的情感，还能够通过这个过程获得情感的释放和慰藉。

叙事遗嘱让个体可以回顾自己的一生，分享那些温馨、感人或是艰难的瞬间。在这个过程中，个体借助言语或文字表达自己的情感，将内心深处的感受和思考呈现出来。这种表达是对生命中点滴的回顾，更是情感的宣泄，使个体能够在言语或文字中找到心灵的慰藉。通过叙事遗嘱的编写，个体有机会将那些或让人欢喜，或让人感伤的瞬间以文字的形式定格下来，这种刻意的回顾和表达有助于个体全面地认识自己的人生历程。同时，在这个过程中，个体也能够通过情感的整理和释放找到内心的慰藉，缓解心理上的压力和负担。

因此，生命关怀通过提供心理上的支持为个体创造有利的条件，而叙事遗嘱则在情感宣泄和心灵慰藉方面发挥重要作用。通过独特的叙事过程，个体能够体验到情感的宣泄和心灵的抚慰，为面对生命终末期时的心理调适提供积极的支持。这种心理支持与慰藉的交融使叙事遗嘱成为有益于个体心理健康的重要媒介。

（四）生命意义的建构

生命关怀致力于帮助个体寻找和体验生命的意义，而叙事遗嘱则在这一过程中成为实现生命意义建构的有力工具。

生命关怀通过提供支持和引导，为个体创造有利的环境，使其能够思考生命的真谛。生命关怀关注个体的内在需求和情感体验，通过倾听和理解，帮助个体在心灵深处找到对生命意义的真实体悟。叙事遗嘱则帮助个体建构生命意义。通过叙述生命中的重要时刻、人际关系、价值观形成等方面的经历，个体得以审视自己的生命轨迹，为生命赋予意义。在叙事遗嘱的编写过程中，个体能够对过去的经历进行回顾，思考人生的价值所在，从而构建起对生命的理解和感悟。

生命关怀与叙事遗嘱之间形成了紧密的互动关系，共同推动个体对生命意义的建构。生命关怀为叙事遗嘱提供情感上的支持和引导，而叙事遗嘱则通过言语或文字表达，使个体更为清晰地意识到生命中那些真正重要的元素，从而为其生命赋予更有意义的内涵。这种紧密的关系有助于个体在生命终末期更加充实和满足地度过。

（五）传承与记忆

叙事遗嘱在个体生命的表达之外，还具有重要的传承和记忆功能。通过叙述生命中的重要时刻、价值观念、人际关系等方面的经历，个体将自己的生命故事以文字的形式留存下来，这是对生命的传承。

在生命关怀视角下，传承与记忆是非常重要的元素。叙事遗嘱作为个体对自己生命的精彩总结，成为传承与记忆的重要组成部分。通过叙述个体的成长经历、人生观念及所经历的挑战和胜利，叙事遗嘱为后代提供了认知，使他们能够理解家族的价值观和文化传统。这种传承与记忆的过程不仅在家族内部发挥作用，还对社区和整个文化具有积极的影响。个体通过叙事遗嘱将自己的生命故事嵌入更大的历史脉络中，可为社会的记忆构建贡献独特的一笔。这样的传承不仅是关于个体生命的传达，更是对一代又一代人生命智慧和经验的传递，可为未来的人们提供宝贵的借鉴和启示。

叙事遗嘱通过个体的自我表达，实现生命关怀中传承与记忆的重要目标。这一过程不仅可让个体在生命终末期感受到意义，也可为整个社会构建一幅丰富、深刻的历史画卷，使每个个体的生命都在传承中找到延续的价值。

因此，生命关怀与叙事遗嘱相辅相成，共同构建对个体生命的关爱、理解和表达。通过这两者的结合，个体能够全面地体验和反思自己的生命，为后代留下宝贵的生命遗产。

四、生命关怀视角下叙事遗嘱的发展趋势

（一）深化叙事遗嘱内涵

叙事遗嘱不仅是对过去的回顾，也是对未来的展望。丰富叙事遗嘱内容需要注重以下内涵的深化：每个人都是独特的个体，拥有各自的人生经历和价值观，在叙事遗嘱中，鼓励个人展现自己的独特性，用独特的视角和方式表达自己的思想和感情。同时，鼓励个人在叙事遗嘱中表达真挚的情感体验，可增强传递信息的感染力。实施叙事遗嘱，需要引导个人对自己的人生历程进行深入的反思与回顾，包括成长经历、重要决策、挑战与成就等。对人生经历的反思，可以传递个人的价值观与智慧。叙事遗嘱是个人故事的记录，也是家族历史的传承，鼓励个人将家族的传统、习俗、价值观等与自己的故事相结合，强调家族的重要性与传承价值。叙事遗嘱也是患者在生命终末期，通过言语或文字来表达自己对医疗照护的意愿。它帮助患者在无法表达意愿时，维护自己的自主权。叙事遗嘱有助于医疗照护决策的制定，以便患者的意愿得到尊重和执行。因此，通过深化叙事遗嘱的内涵，可让叙事遗嘱更加贴近个人生活，体现个性，同时为后代留下珍贵的遗产与智慧。

（二）拓展叙事遗嘱形式

随着技术的进步，叙事遗嘱可以采用多媒体形式，人们可以将照片、音频、视频等融入叙事遗嘱中，以生动、全面的方式展现自己的故事。未来，随着虚拟现实技术的发展，数字化叙事遗嘱将更受欢迎。以下是一些可采用的叙事遗嘱形式。

1. 通过录制视频的方式，口述自己的遗愿、故事和价值观。视频使叙事更具体、直观，让后人能够感受到个人的情感和真诚。

2. 鼓励具有艺术天赋的个人将叙事遗嘱融入到艺术创作中，如绘画、摄影、音乐等形式。这样的叙事遗嘱不仅传递故事和价值观，还具有艺术价值，也是一种文化遗产。

3. 开发交互式叙事遗嘱应用，允许阅读者与叙事遗嘱互动，如添加评论、

回复或记录自己的反思。这种形式可以促进家庭成员之间的交流，增强家族联系。

4. 随着虚拟现实技术的不断发展，可以探索使用虚拟现实技术创建虚拟遗嘱空间，让个人和后人可以在虚拟遗嘱空间中共同探索、回顾和传承个人故事。

5. 鼓励社区组织或家族成员共同参与编撰叙事遗嘱，将个人故事和家族历史汇聚成为共同的叙事遗产。这样的形式可以增进社区凝聚力和传承文化传统。

通过发展多样化的叙事遗嘱形式，可以满足不同人群的需求，提高叙事遗嘱的吸引力和可持续性，使其成为多元化和富有创意的传承工具。

（三）完善叙事遗嘱工作体系

完善叙事遗嘱工作体系可以确保叙事遗嘱的有效落实。

1. 加强法律法规建设。完善叙事遗嘱相关法律法规，确保其得到充分保护，防止篡改和滥用，维护个人意愿和自由表达的权利。建立明确的法律框架，明确叙事遗嘱的合法性和约束力，包括确保遗嘱起草程序的合规性、叙述的清晰度及在必要时的有效执行。同时，应建立健全法律手段，打击篡改和滥用行为，维护个人意愿和自由表达的尊严。法律法规的完善应考虑医疗伦理、患者权益及家庭和社会的关切，确保在实践中保障患者的合法权益。此外，建立法律救济途径，确保叙事遗嘱在执行过程中得到及时有效的法律保障。

2. 加强跨文化交流与接受度。叙事遗嘱在不同文化背景下的接受度可能存在差异。一些文化可能更注重家族传统和共同体价值观，相对弱化个体故事的重要性。为确保叙事遗嘱在全球范围内的可持续发展，必须促进其在不同文化间的传播和接受。这需要进行跨文化教育和宣传，引导人们理解和接受叙事遗嘱的重要性。建立开放、包容的交流平台，促进信息传递与分享，形成通畅的对话机制，使叙事遗嘱更好地融入各种文化背景中。

3. 发展叙事遗嘱知识体系。强化叙事遗嘱的概念内涵、伦理原则、实施规范及职责、实施形式及保障等方面的建设。明晰叙事遗嘱的核心概念，建立清晰而共识性强的理论框架。制定明确的伦理准则，确保叙事遗嘱的起草、实施和解读符合伦理要求。明确实施流程、相关法规及职责分工，确保整个过程的顺畅和合法。探索多种实施形式，如数字化叙事遗嘱、视觉化呈现方式等，满足不同个体的需求。在法律层面完善相关法规，确保叙事遗嘱的有效性和权威性。

4. 与医疗照护决策相结合。在生命关怀视角下，叙事遗嘱应与医疗照护决策紧密结合，成为记录个体生活故事和协助制定医疗照护决策的有力工具。将叙事遗嘱与医疗记录有机连接，支持患者在生命终末期的医疗照护决策。整合医疗记录与叙事遗嘱，为医疗团队提供全面和具体的信息，帮助他们深入地理解患者的价值观、期望和对生命质量的追求。这种整合有助于提供个性化和贴心的医疗服务，提高患者对医疗照护决策的参与度。

5. 跨学科合作。叙事遗嘱的发展需要跨学科紧密合作，整合医学、心理学、社会学等多领域的专业知识，需要医生、护士、社会工作者、心理医生等专业人士的积极参与，为叙事遗嘱提供全面、专业的支持。跨学科合作能丰富叙事遗嘱的内容，满足患者在生命终末期的多元需求。建立叙事遗嘱撰写的专业指导机构和服务网络，为个人提供专业的咨询与指导。

6. 引导社会认知的改变。叙事遗嘱的发展需要引导社会认知的改变，推动社会对生命关怀的深入理解，使社会重视和尊重个体的生命价值。叙事遗嘱作为传承生命意义的重要工具，其发展需要在社会层面引发对生命关怀和生命意义的深刻思考与重视。

7. 加强宣传与教育。通过宣传与教育加强社会对叙事遗嘱的认知，开展培训课程和宣传活动，提高人们对叙事遗嘱的认知度和应用水平。培训课程可以在专业领域展开，为专业人士提供相关知识和技能。公众培训面向一般大众，提供基本知识，促使更多人认识到叙事遗嘱的重要性。宣传活动可在社会上引起广泛关注，拉近个体与叙事遗嘱之间的距离。

8. 建立安全存储平台。建立安全可靠的叙事遗嘱存储平台，采用高级加密技术和多重认证措施，保护个人隐私和故事内容。这样的安全手段可以有效防止个人故事被泄露、滥用或篡改，为个体提供信任和安心的叙事环境。同时，采取措施保护具有特殊历史和文化价值的叙事遗嘱，设立专门机构或平台，致力于收集、整理、保护和传承这些特殊的叙事遗嘱。

叙事遗嘱，作为一种将生命叙事与临终关怀相结合的创新实践，在当代生命关怀领域展现了其独特的价值。从生命关怀的角度审视，叙事遗嘱具有多重意义：首先，它为个体提供了一个系统回顾和整合生命经历的契机，有助于满足实现生命完整性的心理需求；其次，通过讲述和保存生命故事，它促进了代际的理解与情感联系，为哀伤辅导提供了有力的工具；第三，叙事遗嘱以叙事为媒介，传播生命智慧，推动了社会层面的生命教育和死亡观念的更新。它积极地回应了现代人对个性化生命纪念方式的追求。

然而，在实践过程中，叙事遗嘱的发展也面临着一些挑战。首先的是专业人才的短缺，需要培养具备叙事治疗、临终关怀及法律知识的复合型人才；其次是标准化与个性化之间的平衡问题，需要在保持形式灵活性的同时确保内容的有效性；再次是社会认知度的提升，需要加强公众教育和专业推广。

展望未来，叙事遗嘱在多个方面具有广阔的发展前景：在理论研究上，可以进一步探讨其与存在主义心理学、叙事医学等学科的交叉融合；在实践应用上，可以开发数字化叙事平台，利用人工智能等技术辅助生命故事的收集与展示；在应用场景上，可以扩展到安宁疗护、老年照护、生命教育等多个领域。此外，跨文化比较研究也将为叙事遗嘱的本土化发展提供重要的参考。

叙事遗嘱体现了临终关怀从生物医学模式向人文关怀模式转变的重要探索。随着社会对生命质量重视程度的增加，叙事遗嘱有望成为现代生命关怀体系中一个不可或缺的元素，为实现生死和谐、促进代际和谐提供新的实践途径。

第七章　社会学视角下的叙事遗嘱

社会学视角下，叙事遗嘱的价值远超个体层面，延伸至集体认知、文化传承和社会发展变革等多个层面。个体的叙事遗嘱成为微观的社会建构，记录了个体在家庭、社区和文化中的角色和意义。通过集体认知的积累，叙事遗嘱成为社会记忆的一部分，承载了文化的传承。叙事遗嘱在认识社会变革中也发挥着积极的作用，促使人们重新审视传统文化观念。社会学视角下，叙事遗嘱的价值在于其作为社会媒介，推动社会认识变革，促进文化的传承。

一、关注文化传承与认同

叙事遗嘱作为文化传承的媒介，透过个体生活故事的叙述，将个体的理解、体验，以及对特定文化、价值观和传统的认知传递给后代，从而成为社会文化传承的一部分。通过这些文化传承，社会能够形成深厚和稳固的文化积累。

（一）文化传统的传承与保存

个体的故事是文化的微观体现，承载着特定文化的语言、文化价值观、风俗习惯等元素。叙事遗嘱中记录这些文化元素，有助于传承与保存文化传统。

在个体的故事中，语言是重要的文化标志。方言、特有的表达方式、文学风格等都是语言的体现，而这些元素往往在叙事中得以呈现。通过叙事遗嘱记录这些语言特色，能够保存文化的语言基础，使后代能够感知和理解前辈的语言风貌。

叙事遗嘱也是文化价值观传承的媒介。个体的故事承载着他们在特定文化中的道德观、人生观等。这些文化价值观通过叙事遗嘱传递给后代，有助于维护文化的道德底线，巩固文化共同体的价值共识。

风俗习惯是文化传统的重要组成部分。在叙事遗嘱中，个体可能会描述各种日常生活中的风俗习惯，如节庆、婚礼、葬礼等。通过叙事遗嘱记录这些风俗习惯，不仅有助于记录与传承传统仪式，也能够让后代了解前辈的生活方式和社交规范。

（二）多元文化的认同

在现代社会，许多人具有多元文化身份。叙事遗嘱通过记录个体的多元文化认同，利于社会了解多元文化面貌。

叙事遗嘱让个体有机会生动叙述自己的文化背景，揭示他们所处的多元文化环境，包括在不同文化中的成长经历、文化间的交融和碰撞，以及如何在多元文化的语境中建构个体独特的身份认同。这样的叙事有助于拓展社会对多元文化的理解，促进社会在文化差异上的包容性。

叙事遗嘱也成为传承多元文化的方式。通过记录个体在多元文化环境中的生活故事、价值观念和风俗习惯，为后代提供了关于家族和个体的多元视角。

叙事遗嘱还可以成为多元文化的对话平台。在叙事过程中，个体可以深入思考自身在多元文化中的定位，反思自己对其他文化的理解与尊重。这种对话有助于促进不同文化群体之间的交流，减少文化间的误解和隔阂。

（三）社会认同感的建构

通过分享个体的故事，更容易理解和接纳彼此的差异，从而建立更加包容和谐的社会氛围，降低社会中的文化冲突和偏见。叙事遗嘱能够促进社会认同感的建构。

社会认同感的建构还与共享价值观和共同目标有关。通过分享个体的文化背景、价值观等方面的故事，可以发现彼此之间的共同点，形成紧密的社会纽带。这种共鸣有助于促进社会的团结，减少群体之间的隔阂。

社会认同感的建构能够对消解文化冲突和偏见产生积极的影响。通过了解不同文化的个体故事，人们更容易看到彼此的共同之处，而非局限于文化差异。这种转变有助于在社会中构建开放和包容的氛围，减缓甚至避免文化冲突的发生。

（四）自我身份认同的加强

叙事遗嘱可以加强个体对自己身份的认同感。通过深入挖掘自己的故事，个体更容易理解自己在社会和文化中的角色，从而加强自我身份认同。

每个人的生活故事都是不可复制的，其中包含丰富的文化、家庭、职业等元素。通过叙述这些故事，个体能够审视自己在这些方面的经历和成就，进而形成对自己身份的认知。这种自我认知有助于加强对自身角色在社会中的认同感。

叙事遗嘱也为个体提供思考自身身份的机会。在叙事过程中，个体可能会回顾自己的成长经历、文化传承、家庭价值观等，有助于他们认知自己在社会中的位置。这种认知的加深有助于建立积极、健康的身份认同。

叙事遗嘱也可以帮助个体面对身份认同的挑战。生活中的变革、文化的冲突、身份的多样性等因素可能影响个体对自身身份的认同感。通过叙述这些经历，个体有机会处理这些挑战，找到身份认同的平衡点，从而坚定和自信地生活。

（五）传统文化创新

个体在遗嘱中讲述的生活经历、价值观和思想观念，有时会对传统文化进行重新诠释和创新。这种文化创新并非对传统的简单复述，而是通过个体独特的体验和视角，赋予传统文化新的内涵和表达方式，有利于推动社会文化的可持续发展，为社会的进步和多元化发展提供动力。

二、传承家族文化

（一）家族价值观的传承

叙事遗嘱在社会学视角下的实施，不仅关注个体层面的故事表达，还强调家族文化的传承。通过叙述个体生活经历和家族历史，叙事遗嘱传递家族价值观，包括家族的信仰体系、道德观念、对待人际关系的态度等。通过叙事遗嘱，个体可以将自己对于家族价值观的理解传达给后代，形成家族内部的共同认知和精神纽带，弘扬家族独有的文化传统，有益于增强家族凝聚力。

（二）家族历史的保存与共享

叙事遗嘱承载了家族的历史记忆。这些故事的传承有助于保存家族的历史，让后代了解祖辈的艰辛奋斗、家族的兴衰浮沉。通过共享这些故事，家族成员能够更好地理解自身的文化根源，增强对家族历史的认同感。

家族历史的保存与共享也在社会中促进历史文化的传承。不同家族的故事交织成社会历史的绚丽篇章。叙事遗嘱可成为连接个体、家族和社会历史的纽带，推动文化传承和发展。

（三）家族责任观念的强化

在叙事遗嘱中，个体可能会强调对家族的责任和关怀。这有助于强化家族责任观念，使其在家族文化中得以传承。通过叙事遗嘱，家族成员能够更加深刻地理解家族的凝聚力和责任感。

家族责任观念的强化也有助于社会建设。强调家族责任观念的家庭往往更注重社会公德和共同体责任，通过家族的实践促进社会中形成的良好价值观。因此，从社会学视角看，叙事遗嘱通过传承家族文化，会对社会中广泛的家庭伦理观产生积极的影响。

三、促进社会记忆建构

叙事遗嘱的记录是个体经历和生命故事的归档，是社会记忆建构中的重要组成部分。通过个体的叙述，叙事遗嘱成为社会历史的一部分，具有记录过去时代、家族、社区或民族的历史、传统、价值观和智慧的功能。叙事遗嘱引导、传承并培养下一代的道德观念和社会责任感。在叙述个体经历的同时，往往伴随着对某些价值观的强调。这有助于社会形成共同的道德框架，引导下一代更好地理解社会责任，并在行为中传承这些价值观。叙事遗嘱的记录在更大范围上影响着社会的历史建构，有助于社会保留记忆并传递给下一代，深化对历史的认知，形成对文化遗产的传承和保护。关注叙事遗嘱的社会记忆价值，加深理解自身的根源、文化传统，利于构建更为坚实的社会记忆体系。

四、转变生命价值观

叙事遗嘱帮助表达个体生命价值观和人生观，促进社会对生命价值和意义的深刻思考。叙事遗嘱呈现个体独特的生命价值观念，尊重个体独特性和独一无二的属性，有助于引导社会关注个体的多样性，推动社会对多元价值的认同。叙事遗嘱的书写可以识别个体对家庭、责任、孝道等价值观念的体验和理解，有助于重构家庭关系、责任观念等理念，引发对传统价值的反思和更新。个体的价值观不仅是个人层面的，也影响整个社会结构。通过了解和尊重个体的生命观，认可个体在社会结构中的地位和贡献，可以推动全社会对健康中国理念及中国式现代化生命关怀体系的构建。

五、促进社会发展与思想意识转变

通过对生命观念、人际关系、责任感等方面的思考，叙事遗嘱可以成为推动社会朝着更尊重生命、注重人文关怀的方向发展的催化剂。叙事遗嘱反思生命观念，引发了对生命的尊重和重视，凸显个体对生命的理解和价值认知，有助于社会更深刻地理解生命的珍贵，推动社会对生命的尊重成为一种普遍的共识，从而促使社会向更为关怀和尊重生命的方向转变。叙事遗嘱也注重人与人之间的联结和互动，启发社会向以关系为导向的社会形态转变。叙事遗嘱通过对责任感的深入思考，促使社会重新审视责任观念，强调责任感在个体和社会中的重要性，助推社会从单一关注个体权利转变为注重责任和共同体，从而促进社会思想意识的转变。叙事遗嘱也提供了珍贵的社会学研究素材，研究人员可以通过分析叙事遗嘱，深入了解个体和社会之间的联结、社会结构以及文化认同的形成。

六、推动社会生死学思考

叙事遗嘱鼓励人们思考生命意义、价值观和人生哲学。通过叙事遗嘱，生命终末期患者可以重新审视自己的生命旅程，个体能够找到生命中的关键时刻、珍贵的经验，并从中提炼出对生命的独特理解，加深自己对生命的理解，找到生活的意义和目标。通过叙述与家人共度的时光、感悟家庭的温馨和珍贵，患者能够以一种深情的方式向家人表达对于陪伴和支持的感激之情，加深家庭成员之间的情感纽带。通过传递生命中的智慧和体验，引发社会对生死观的深入思考，为后人提供借鉴和启示，促使社会更广泛地探讨与生命、死亡相关的议题，推动人们对于生死观念的认知和思考。

七、构建生命关怀知识体系

叙事遗嘱注重在生命终末期给予个体充分的生命尊重和关怀。关注生命终末期患者的叙事遗嘱，能够精准识别生命终末期患者的个性化需求。叙事遗嘱记录了个体的生活故事、价值观、个人信念和意愿等信息，可为照护者提供满足患者个人意愿的高质量照护服务需求提供支持，同时，这也鼓励社会建立健全生命关爱支持体系，为构建以人为本的医疗照护和社会支持网络奠定基础。

八、促进社会文明进步

接受死亡是生命的不可缺少的一部分，体现了社会文明的进步。叙事遗嘱的表达促进了生命的完整性，对生命价值意义的关注和支持属于深度的人文关怀，促使社会更加关注人的内在需求，推动社会关爱和人权的进一步发展，是社会文明发展到一定程度的必然结果，是适应全生命周期健康中国发展的未来趋势。

叙事遗嘱在社会学视角下有着深远的价值，既关乎个体生命意义的探寻，又涉及家族和社会的文化传承与认同的建构。它承载着丰富的个人与群体的历史、价值观和智慧，对于社会的持续发展和个体的成长具有积极的影响。在社会学视角下，叙事遗嘱传承生命价值观，成为社会记忆的一部分，对社会文化、认同、关怀体系以及变革具有深远的影响。通过对叙事遗嘱的关注和研究，可以更好地理解个体在社会结构中的角色，促进社会的健康发展。

九、多元文化思考与实践

在社会学视角下，多元文化思考与实践对于叙事遗嘱的实施至关重要。这种思考意味着尊重并考虑不同文化背景下个体的差异，包括语言、宗教、价值观等多个方面。实践中，这要求社会支持机构、相关专业人员以及整个社会更广泛地理解和回应个体的多元文化需求。

（一）文化敏感性的培训

在社会学视角下，叙事遗嘱的实施需要考虑到不同文化背景下个体的差异。叙事医嘱相关专业人员应当接受文化敏感性的培训，以更好地理解和尊重不同文化中对生死、家庭、个体价值的独特看法。这一培训旨在使相关专业人员具备跨文化的理解和交流技能，确保叙事遗嘱服务的个性化和贴近个体文化信仰。

培养文化敏感性的过程包括学习不同文化的传统、价值观念、宗教信仰等，以便更好地理解个体在其文化框架下对生命和死亡的理解。文化敏感性培训还应关注如何在服务中避免文化偏见和歧视。相关专业人员需要学习如何应对可能涉及敏感文化问题的情境，确保在叙事遗嘱的编写过程中，个体在表达其文化信仰时不受到歧视或误解。文化敏感性培训也涉及跨文化沟通技能的提升，包括语言、姿态等。相关专业人员需要学习如何有效地与不同文化背景的个体进行沟通，以确保在叙事遗嘱服务中信息的准确传递和理解。

通过文化敏感性培训，相关专业人员能够满足个体多元文化的需求，提高服务的质量和深度，使叙事遗嘱的实施更加符合个体的期望和信仰。这为构建更包容、尊重和多元的社会环境提供有益的指导。

（二）促进跨文化传播与接受

多元文化实践要求在不同文化之间建立桥梁，促进叙事遗嘱的跨文化传播与接受。

提供多语言服务是确保跨文化传播的重要步骤。在多元文化的社会中，个体可能使用不同的语言，因此，为了确保信息的准确传达，社会支持机构应提供专业的多语言服务。这有助于个体理解叙事遗嘱的目的和内容，确保其能够真正表达自己的意愿。

进行文化调研也是确保跨文化传播成功的关键。社会支持机构需要了解不同文化对于生死、家庭和价值观念的看法，以便深入地理解个体的文化背景。这有助于避免文化误解，确保叙事遗嘱的服务能够贴近个体的文化信仰。

社会支持机构还可以通过开展宣传活动来促进社会对于多元文化实践的认同和接受，包括举办文化交流活动、传播多元文化的理念，以改变社会观念和提高对于跨文化实践的支持。通过这些宣传活动，社会可以全面地理解和接受叙事遗嘱服务的多元文化特征。

综合而言，促进跨文化传播与接受是多元文化实践中不可或缺的一环。通过多语言服务、文化调研和宣传活动等手段，社会支持机构可以创造更加开放的、能理解和接纳不同文化的环境，从而促进叙事遗嘱在多元文化社会中的广泛实施。

（三）尊重与体现文化差异

多元文化实践要求对文化差异的尊重，并在叙事遗嘱的实施中体现这些差异。例如，对于家庭结构、宗教信仰、风俗习惯等，应该在叙事遗嘱中予以尊重和体现，使之符合个体的文化认同。

尊重文化差异有助于确保叙事遗嘱服务的个性化。不同文化之间存在着差异，包括对家庭结构和角色的理解、对生死的看法等。在叙事遗嘱中体现这些文化因素，有助于使遗嘱更贴近个体的文化认同，确保其真实地反映个体的价值观和意愿。

体现文化差异有助于提高社会对多元文化实践的认同。通过在叙事遗嘱中体现文化差异，个体的故事变得更加丰富多彩，社会成员更容易理解和接受这些多样性。这有助于减少文化之间的隔阂，促进社会的共融与和谐。

对文化差异的尊重也体现了社会的包容性。当社会支持机构能够在服务中展现对各种文化差异的尊重时，个体更有可能信任和参与这些服务。这不仅有助于改善个体的服务体验，还可以促进对叙事遗嘱服务的积极认知。

多元文化思考与实践对于叙事遗嘱的实施来说是必要的，因为个体的文化背景在很大程度上塑造了其生命价值观及对于生死的态度。只有在尊重并理解这些多元文化因素的基础上，叙事遗嘱的实施才能深入地服务于个体真实需求。

十、社会学视角下叙事遗嘱的发展趋势

叙事遗嘱作为记录个体生活故事和价值观的形式，在社会学视角下表现出独特的发展趋势。社会学视角关注个体与社会的互动、文化传承，以及社会结构对个体行为的影响，因此，叙事遗嘱的发展不仅受到个体需求的影响，还受到社会变迁和文化演变的影响。

（一）丰富叙事遗嘱内涵

叙事遗嘱成为表达个体独特人生观和生命价值的载体。叙事遗嘱内涵的丰富包括对个体情感、人际关系、人生哲学、生命意义等更加细致入微的剖析。叙事遗嘱的发展需要社会保持对多元文化的敏感性，加深对多元文化的认同和尊重。在多元文化社会中，个体拥有不同的生活经历、价值观和文化背景。叙事遗嘱成为记录多元文化经历的工具，促进社会对不同文化的理解和认同。社会的多元化推动了叙事遗嘱的发展，使之更加关注个体在跨文化和多元社会中的独特性。因此，叙事遗嘱内涵需要不断丰富。

（二）构建社会支持网络体系

强调社会支持与关怀网络体系的建设成为叙事遗嘱发展的重要方向。叙事遗嘱不仅是个体对自己生命的回顾，也是对与之相关的社会关系的反思。在社会学视角下，叙事遗嘱的发展需要强调社会关怀的整体性，包括家庭、社区和医疗机构等各方面支持网络，有助于个体理解和反思自己的社会角色和影响，从而认识在其生命中所扮演的角色，使叙事遗嘱更具社会学的深度和广度。发展完善的社会支持网络系统也有助于个体更好地面对生命末期的挑战，从而影响叙事遗嘱的内容和形式，也将为叙事遗嘱的发展提供更为丰富和深刻的社会背景。

（三）创新数字化传播

个体可以利用数字平台，采用多媒体形式开展数字化叙事遗嘱，将照片、音频、视频等融入叙事遗嘱中，以更生动、全面的方式展现自己的故事。也可通过艺术创作、交互式叙事、虚拟现实、社区叙事等方式传播叙事遗嘱。这些

创新的传播方式使得叙事遗嘱能够跨越时空的限制，实现更广泛的社会影响，同时也提高了叙事遗嘱的传承性和可持续性。未来，随着虚拟现实技术的发展，数字化叙事遗嘱的实现成为可能。

（四）强调社会法律制度支持

随着对个体权益和尊严的重视，叙事遗嘱的制定和执行需要社会法律制度的支持，以确保个体在生命终末期能够得到充分的尊重和合法的权利保障。社会的法规和政策环境将直接影响叙事遗嘱的合法性和社会接受程度。这包括对叙事遗嘱合法性的认可、对相关权益的法律保障，以及对于争议解决机制的建设。社会法律制度的支持将有助于确保叙事遗嘱在社会中的合法性和可持续发展，加强对叙事遗嘱的保护，防止篡改和滥用，保护个人意愿与自由表达。同时，建立健全法律，保护患者隐私，如建立安全可靠的叙事遗嘱存储平台，保护个人的隐私和故事内容。这些存储平台可以采用加密技术和多重认证措施，防止个人故事被泄露或篡改。

（五）积极适应多元文化和全球化

社会的多元文化性和全球化趋势意味着叙事遗嘱需要更加灵活和适应不同文化价值观的要求。相关专业人员在叙事遗嘱领域的工作必须具备跨文化的理解和文化敏感性，以确保叙事遗嘱的真实性和符合个体的意愿。

（六）提高社会认知和接受度

随着对生命关怀和死亡话题的认知度提高，社会对于叙事遗嘱的接受度可能会提高。公众对于尊重个体意愿的理念有了更深的理解，社会对叙事遗嘱的接受度可能会显著提高。

（七）反映社会变革

叙事遗嘱可能会反映社会的变革，如对于家庭结构、性别角色和文化认同变化的反映。这需要叙事遗嘱制定者和执行者保持对社会变革的敏感性和包容性，以更好地满足个体的需求和价值观。

叙事遗嘱不仅是传承个体生命价值观的媒介，也是构成社会记忆的关键元素。在微观层面，它通过记录个人的生命故事和意义解读，助力个人自我认同的完整性和持久性；在宏观层面，叙事遗嘱参与构建社会记忆，对社会文化的演变和集体认同的塑造产生影响。推广和研究叙事遗嘱能够增进社会对个体生命经历的重视，加深对人在社会结构中角色的认识。它不仅为家庭代际沟通提供了情感的桥梁，也为完善社会关怀体系提供了新的视角。此外，作为一种文化实践，叙事遗嘱的兴起体现了社会对传统死亡文化观念的创新性转变，对促进社会观念的变革具有正面作用。展望未来，通过深入探究叙事遗嘱与社会结构、文化变迁之间的相互作用，我们能够更全面地把握其在推动社会健康发展中所扮演的角色，并为构建一个更具包容性的生命关怀体系提供理论支撑。

第八章　伦理学视角下的叙事遗嘱

伦理学作为一门研究道德原则和价值观的学科，关注人类在各个生命阶段的尊严和权利。在生命终末期，个体常常需要面对医疗抉择、财务规划、家庭安排等方面的重要问题。伦理学强调尊重个体的自主权和尊严，叙事遗嘱恰好可为个体提供合法、道德的意愿表达途径。

一、叙事遗嘱的伦理学价值

叙事遗嘱在伦理学领域具有积极的意义，它不仅体现了对个体权利的尊重，也利于提升生命的尊严，并加强医患之间的沟通。

（一）尊重个体自主权

叙事遗嘱的核心在于尊重个体的自主权，而这正是伦理学中的基本原则。通过叙事遗嘱，个体能够在生命终末期主动参与决策，确保其意愿得到尊重，从而体现对个体自主权的尊重。

（二）传递个体价值观

叙事遗嘱记录了个体的人生思考、信仰和价值观，传达对生命的独特解读，为家庭成员、朋友和社会提供了了解个体内心世界的窗口，可激发他人对生命意义的思考，引导他们在面对生活的起伏时进行思索。

个体也可在叙事遗嘱中传递对信仰、伦理观点或人类价值的看法，促进社会对价值观多元性的尊重。

（三）解决伦理困境

伦理学要求医疗团队与患者家庭成员密切合作，共同为患者做出更符合其利益和意愿的决策。叙事遗嘱作为沟通的桥梁，可帮助医疗团队全面理解患者的个体需求、价值观和期望，制订更符合患者意愿的医疗照护计划，强调医疗伦理学中关怀和尊重患者意愿的原则，避免因意愿不明而产生的冲突和困扰。同时，叙事遗嘱可以帮助医疗团队实现充分的人文关怀，为患者提供心灵慰藉，满足更高层次的照护需求，突破多重道德或伦理方面限制。

（四）维护家庭伦理

叙事遗嘱涉及个体与家庭关系的伦理考量，通过记录患者的生命故事和意愿，帮助家庭成员理解和支持患者，促进家庭和谐。

（五）敬畏生命和死亡

叙事遗嘱通过叙述个体生命经历，表达对生命和死亡的思考，体现伦理学中对生命的尊重和敬畏。个体也在叙述自己生命故事中，深刻地体验到生命的宝贵和独特性，重新审视自己的存在和生命意义，从而启发个体、家庭乃至社会对生命本真的追求和对生命价值的重视。

（六）防范伦理风险

叙事遗嘱表达的是个体的生命价值观和医疗照护意愿等信息，但这些信息在家庭成员之间可能因期望、信仰或家庭动态的复杂性而受到影响，导致个体的真实意愿不能得到充分表达，还可能面临医疗决策冲突和困境。叙事遗嘱的制定和执行需要防范伦理风险，鼓励患者、家庭及医疗团队之间进行坦诚沟通，通过明确的伦理原则和规范来规避风险。

（七）维护医疗决策公正性

叙事遗嘱有助于确保医疗决策的公正性和公平性，避免个体被主观因素左右或忽视。基于叙事遗嘱提供的信息，医疗团队可充分了解患者的个人意愿，将医疗照护决策及人生遗愿充分融合，确保医疗照护决策在伦理上得到最好的平衡，使个体能够在生命的“最后一公里”获得充分的尊重和关怀。

二、叙事遗嘱的伦理原则

（一）尊重自主权

叙事遗嘱的撰写应基于个体的自主意愿和决策权。患者有权根据自己的信仰、价值观和生命思考来表达意愿，医疗团队和家庭成员应尊重这些自主决策。在叙事遗嘱的撰写和传达过程中，应严格遵守这一原则，确保患者的故事得到准确传达和妥善保存。

（二）维护尊严

叙事遗嘱的撰写和使用应以维护患者尊严为核心。在记录个人经历和处理敏感问题时，应保持敏感性和谨慎性，确保患者感受到充分的尊重和关怀。保护患者尊严是伦理学的核心要求之一，叙事遗嘱的应用应符合这一要求。

（三）保护隐私

叙事遗嘱可能包含患者的隐私和敏感信息。为防止隐私侵犯，应建立严格的隐私保护机制。这包括限制遗嘱的访问和传递，采用加密和安全的存储手段，确保患者的隐私权得到保护。

（四）具备文化敏感性

不同文化背景的患者对生命和死亡有不同的看法和处理方式。医疗团队应具备文化敏感性，了解并尊重患者的文化信仰，确保叙事遗嘱的制定和执行符合患者的文化期望。在多元文化社会中，应考虑和尊重各种文化对生死观、家庭关系等方面的看法，确保叙事遗嘱的制定不会侵犯患者的文化权益。

（五）保持明确和透明

叙事遗嘱的内容应明确无误，避免含糊和歧义。透明度是确保患者意愿得到充分理解和尊重的关键。明确、透明的叙事遗嘱制定过程能够增强医疗团队和家庭成员对患者决策的信任，确保最终执行的决策符合患者的真实意愿。

（六）真实性和诚实

叙事遗嘱鼓励个体真实地表达自己的生命价值观和期望，这与伦理学中强调的真实性和诚实原则相一致。确保患者的表达真实、明确，有助于医疗团队和家庭成员更好地理解和满足患者的需求。

三、叙事遗嘱的伦理风险

叙事遗嘱作为一种表达个人意愿和传达信息的方式，其制定和执行过程中伴随着一系列的伦理风险，这些风险需在维护患者权益的同时得到妥善防范。

（一）正当意愿的界定

在某些情况下，患者可能因健康或其他因素无法准确表达自己的意愿。医疗团队须具备专业的伦理判断力和叙事技巧，以正确解读患者的意愿，并保护其合法权益。若患者认知能力受限，可能需依赖法定监护人或家庭成员等替代决策者。有效沟通是界定患者意愿的关键，若沟通不畅，叙事遗嘱的准确性和有效性可能受损。

（二）处理敏感问题

在执行叙事遗嘱时，应尊重文化多样性并保持敏感性，谨慎处理涉及隐私的敏感问题，避免造成不必要的伤害或冲突。在必要时，应寻求专业心理支持和法律指导，确保叙事遗嘱的执行既尊重个体意愿，又不侵犯他人权益。

（三）特殊群体的考虑

对于具有特殊信仰或家庭背景的人群，应特别注意叙事遗嘱的公平性，避免引发家庭纷争或争议。需警惕任何可能的意愿和价值观的强加现象，并及时识别和处理。

医疗团队在引导个人实施叙事遗嘱时，应保持真实和客观，可邀请患者家庭成员参与见证、审核和核实，确保内容的准确性和可操作性。叙事遗嘱的撰写和记录应尽量避免涉及敏感和争议性问题，以免给患者家庭成员带来不必要的伤害和冲突。在必要时，可选择保留一些私人信息，或通过私下交流解决敏感问题。尊重每位继承人的权益和感受，通过智慧引导确保遗产分配的公平性和明确性，避免争议和不公平现象的发生。

四、伦理学视角下叙事遗嘱的发展趋势

（一）提升叙事能力

生命终末期患者的叙事能力可能受到认知和语言能力的限制，导致叙事遗嘱中信息传达的不准确或不完整。因此，需要采取多种措施保证生命终末期患者的叙事遗嘱符合个人意愿表达。明确个体的认知状态至关重要，对于那些认知功能减退的患者，可能需要采取更为灵活和贴近实际情况的方式进行交流。医疗团队和家庭成员可以通过与患者建立信任关系、耐心倾听及使用图像、图表等辅助工具，更好地理解其叙事内容。

语言障碍可能妨碍个体充分表达自己的想法。可考虑采用可视化辅助工具，如图表、图像和影像资料，帮助个体更直观地表达他们的意愿。这不仅有助于弥补由于语言能力下降造成的沟通障碍，还能够提供更生动、清晰的信息。

在制定和解释叙事遗嘱时，应当尊重个体的表达方式，不仅是语言要素，还可能包括肢体语言、表情等非语言要素。综合利用多种表达方式，可以更全面地理解和记录个体的真实意愿，确保叙事遗嘱成为更为精准、全面的文件。

（二）保持叙事动态性

生命终末期患者的意愿可能会随着时间的推移而发生变化，如随着个体的健康状况、家庭关系、价值观等方面的变化而变化。这可能给叙事遗嘱的内容和执行带来了风险和争议。因此，叙事遗嘱的内容需要根据环境变化动态调整。

动态性叙事反映了个体在意愿上的灵活性。由于疾病的进展、家庭成员的变动或是对生死观的重新思考，个体的意愿可能会发生调整。因此，叙事遗嘱应当具有一定的灵活性，能够随时根据个体的真实意愿和当前情况进行动态调整。动态性叙事也提醒我们在执行叙事遗嘱过程中需要不断关注个体的需求变化。家庭成员、医疗团队等执行者需要与个体保持沟通，及时了解他们的意愿是否发生变更，以确保叙事遗嘱的执行是基于最真实、最近期的意愿。

然而，这种动态性叙事也可能带来执行的复杂性和争议。在法律和伦理层面，需要明确叙事遗嘱的调整程序和规范，以防止滥用或误解。同时，也需要强调执行者对个体真实意愿的尊重，避免在动态调整过程中受到不必要的干扰。

（三）实行跨学科合作

叙事遗嘱涉及心理学、医学、社会学等多个领域，需要加强多学科合作，满足患者和家庭的多层次需求。

心理学专业人士可以为叙事遗嘱的制定提供深入的心理咨询。他们能够协助个体更好地理解自己的情感需求，协助他们表达内心真实的想法和期望。通过心理学的支持，叙事遗嘱可以更贴近个体的情感状态，真实反映其内心世界。

医学专业人士的参与可以确保叙事遗嘱与医疗实践更好地结合。医学专业人士能够就医疗照护决策、疾病状况等提供专业建议，使叙事遗嘱更具实际可行性。他们与患者和家庭的密切协作，有助于制定更符合实际情况的叙事遗嘱，避免不必要的矛盾和争议。

社会学专业人士在家庭、社会层面的研究经验也能为叙事遗嘱提供更全面的视角。他们能够帮助理解家庭结构、社会支持体系对患者意愿的影响，为叙事遗嘱的执行提供更为周详的社会支持。

跨学科合作不仅可以满足患者和家庭成员在心理、医学、社会等多层次上的需求，还有助于构建更为综合和完善的叙事遗嘱服务体系。跨专业领域的合作能够更好地为患者提供更贴近实际需求的综合性服务。

（四）保持文化适切性

叙事遗嘱具有一定的文化属性，如地域文化属性、家族文化属性、个人文化属性及特殊文化属性等，在处理这些文化属性时，需要保持开放性态度，以确保叙事遗嘱真正反映个体的文化背景和价值观。

文化适切性要求医疗团队在制定叙事遗嘱时充分了解和尊重个体的文化信仰。这可能涉及对不同文化价值观的深入研究，包括对特定宗教、传统风俗等的理解。只有在深入了解个体所处文化的基础上，才能更好地理解其制定叙事遗嘱的动机和期望。

文化适切性要求在叙事遗嘱执行过程中考虑到可能存在的文化冲突或不同文化间的差异。在处理家庭成员之间的关系、财产分配等方面，要综合考虑个体的文化期望，以确保执行过程的公正性和尊重性。

文化适切性还需要在法律和伦理规范中得到体现。法律应当容许并规范不同文化背景下叙事遗嘱的制定和执行，确保文化敏感性和适切性得到法律的保障。伦理规范也应明确强调在实践中对文化差异的尊重，以维护患者和家庭的尊严。

保持文化适切性有助于确保叙事遗嘱的制定和执行过程能真正反映个体的文化认同，进而促进叙事遗嘱在多元文化社会中的广泛应用。

叙事医嘱的核心伦理价值体现在对个体自主权的尊重，对生命尊严的维护，以及对代际伦理传承的促进。通过叙述和保存生命故事，不仅实现了临终者主体性的表达，也为家属提供了深入理解患者情感的桥梁。然而，叙事医嘱的执行同样遭遇了关于叙事真实性、隐私保护及文化敏感性的伦理难题。未来的研究应当在确保尊重个体意愿的基础上，构建起一套规范化的伦理指导框架，从而使叙事遗嘱真正成为一个融合人文关怀与伦理深度的生命关怀体系。

第九章　社会心理学视角下的叙事遗嘱

本章将从社会心理学的视角出发，探讨叙事遗嘱的实施过程，并阐述其在个体心理、社会互动及生命意义传承中的重要作用。社会心理学聚焦于个体在社会环境中的思维、情感和行为，而叙事遗嘱作为自我表达的方式，帮助个体通过讲述生命故事实现自我认知的建构，同时也促进个体与社会之间的互动和联系。

叙事遗嘱是一种跨越时间和空间的社会互动形式，具有积极的社会心理学价值。

一、叙事遗嘱的社会心理学背景

叙事遗嘱作为一种生命价值传递方式，不仅是个体意愿的简单表达，也反映了个体如何通过叙述生命故事来赋予生活意义和价值。从社会心理学的视角来看，叙事遗嘱是个体在面对生命结束时的心理调适工具，也是对个人经验的回顾和总结，更是对社会和文化背景的积极回应。通过叙事形式，个体能够表达自己的生命历程，从而在死后，其亲友依然能够通过这一记录而连接起对他的生命回忆。

个体在构建生命故事时，社会文化背景起到了至关重要的作用。在不同的文化和社会环境中，生命故事的框架和内容会有所不同。文化价值观、历史背景、宗教信仰等因素对个体的生命理解和叙述方式产生了深远影响。例如，在一些集体主义倾向强的社会中，个人的生命故事常常与家庭、社区和民族的历史紧密相连；而在注重个体主义的文化中，生命故事则更多侧重于个人成就与自我实现。个体的生命故事是其社会文化背景的一个重要反映，叙事遗嘱作为这种文化叙事的一部分，也必然受到社会文化背景的深刻影响。

家庭关系和社会认同在叙事遗嘱的形成过程中同样起着关键作用。社会认同理论表明，个体的自我认同往往是通过与他人的互动和社会群体的联系来构建的。其中，家庭成员、朋友及社会群体的认同和支持成为个体生命故事的基础。在家庭层面，叙事遗嘱可以看作代际情感传递和价值观传承的载体。家庭成员的意见、期望及情感交流，会直接影响叙事遗嘱内容的呈现和表达方式。在这种社会互动和家庭纽带的作用下，叙事遗嘱是家庭乃至社会共同意义的积淀与延续。

二、社会认知与叙事遗嘱

社会认知是指个体如何感知、理解和解释他人、自己及社会环境的过程。在叙事遗嘱的构建中，社会认知起到了核心作用，因为个体通过这一形式反思个人生命经历，与他人、社会文化甚至历史进行对话和互动，并借此确认自己的社会身份与生命意义。从社会认知的角度来看，叙事遗嘱是社会文化框架的一部分，是个体与社会共同塑造生命意义的结果。

个体在构建生命故事时，不可避免地与他人、家庭、社区以及更广泛的社会群体进行互动。社会认知理论指出，个体对自己和他人的理解是通过社会互动与他人反馈来塑造的。因此，某种意义上讲，叙事遗嘱是个体社会认知的一种反映，揭示个体在社会中的角色、地位和身份，体现个体如何通过社会认知来理解自己的生命意义。个体在叙述生命故事时，往往会借助社会文化和他人的观点来审视自己的人生，这个过程为叙事遗嘱赋予社会层面的深刻意义。

个体的社会认知还包括对社会规范、价值观及文化背景的感知。例如，在某些文化中，个体可能会通过叙事遗嘱表达对家庭、社区的责任感和归属感，而在另一些文化中，叙事遗嘱则可能更多体现个体的个人成就与自主性。通过社会认知的过程，个体将其生命故事与社会认同结合。因此，叙事遗嘱不仅是自我生命的总结，更是社会和文化意义的延续，成为个人与社会认知互动的产物，反映个体如何通过社会的眼光重新解读自己的生命经历，并在最终的生命表达中寻找到意义和归属。

三、人际互动与叙事遗嘱

家庭是个体社会化的初始场所，也是生命故事开始和留存的地方。长辈通过叙述自己的生命故事，加深与后代的情感联系，传递家族历史与生活智慧，帮助家庭成员形成共同的文化根基，使后代在面对人生挑战时能感受到支持与指导。通过叙事遗嘱，家庭成员之间的情感纽带得到加深，家族的生存指南以及生命意义的感悟得以延续，给予后代启示与反思、希望与寄托。

人际互动也体现为跨越时空与亲人、朋友及社会群体分享对生命的独特理解及人生经验。使得宝贵的生命经验在社会互动中得到重塑和赋能，而这些故事和经验的传递也会产生深远的影响，进而丰富社会群体的文化记忆和情感连结。这种跨越时空的互动使得生命意义的传递不再局限于个体的视角，而是扩展到更广泛的社会关系中，实现生命意义的超越性传递。

四、社会比较与群体动力

叙事遗嘱可促进群体凝聚力和社会连带感，个人生命经历通过叙事遗嘱与群体共享创造集体记忆。这种集体记忆强化群体的归属感与凝聚力，使群体能够从彼此的生命故事中感知情感和支持力量。在面对重大生命事件或挑战时，通过叙事遗嘱能够找到彼此之间的共鸣，促进群体内部联结，增强社会连带感。

生命终结是每个人都必须面对的挑战，而叙事遗嘱帮助群体成员在面对共同生命挑战时形成集体意义，用以理解和处理生命相关的问题。当群体成员分享自己对生命和死亡的看法时，不仅能够为自己找到生命的意义，还能使群体成员达成文化上的共识和情感上的认同。这种集体意义的形成促进了群体动力的发挥，使得个体在群体中的情感支持和集体归属感得到了强化，形成某种一致的态度和行动策略，进而在文化层面达成某种共识。

叙事遗嘱不仅在群体内部推动文化的共享，也为社会的文化反思和价值重构提供契机。随着社会的变迁和文化的演进，传统的价值观和生活方式常面临挑战和质疑。叙事遗嘱通过整合生命故事资源，促进反思和重构社会文化价值。叙事遗嘱中的内容涉及个体对生命、死亡、家庭、社会责任等方面的思考，这些内容可以促使社会对这些问题进行重新审视和反思。例如，关于死亡的态度、生命的意义以及家庭责任等议题，可以在群体中激发更广泛的讨论，推动社会文化在尊重个体选择的同时，重构社会的价值观和伦理观。叙事遗嘱因此不仅是个体生命故事的表达，更是文化与社会价值重构的推动力量。

五、社会变迁与个体发展

社会变迁与个体发展的关系是探索生命意义的重要内容。叙事遗嘱中的个人生命在社会变迁中的演变，成为社会历史发展进程中的重要资源和深刻见证。

在叙事遗嘱中，个体回顾自己所经历的社会变迁，会涉及政治、经济、文化等多方面社会变革。这些变迁不仅作为背景存在，更深刻影响个体的成长、价值观的形成及对生命意义的理解。个体在叙述社会动荡、政治革命、科技进步等重大历史事件时，通过自身经历的阐述，展现这些变迁如何塑造自己的世界观与人生观。社会变迁与个体的生命轨迹相互交织，形成了具有历史深度的生命记录。

与此同时，叙事遗嘱关注个体在社会变迁中的发展轨迹。社会变革不仅是外部环境的变化，还影响着个体的选择、挑战与成长。在不同历史时期，个体如何在纷繁的社会变革中找到自身的位置与角色，是叙事遗嘱中需要关注的重点。个体表达在社会转型中的适应与抗争，体现在复杂历史背景下的内在成长与自我认知的重构。个体在社会变迁中的抉择与行动，反映外部环境的压力，也彰显个体内在的韧性与自主性。

因此，叙事遗嘱既是对社会历史的回顾，也是对个体成长历程的深刻见证，不仅可为人类生命意义和价值的探索提供独特的视角，也可为生命哲学的探讨增添丰富的内涵和深度，加深我们对历史与个体生命互动的深刻理解。

六、社会责任与可持续发展

叙事遗嘱与社会责任及可持续发展有着深刻的联系。在叙事遗嘱中，社会责任可通过个体的社会参与、慈善行为、公益事业等方面得以体现。个体在社会中所承担的责任和对社会问题的关注，如对环境、教育、贫困等方面的关注和建议，是个体积极履行社会责任的表现。

叙事遗嘱可一定程度上唤起个体社会责任意识。在临终阶段，个体往往更加关注自己如何在生命的终点留下有意义的印记。叙事遗嘱通过对过去的反思和对未来的期许，赋予个体传递道德价值、文化理念和社会责任感的机会。例如，个体可能在叙事遗嘱中表达对家庭、社会或全球环境的关注，鼓励后代或社会成员继续承担责任，践行某些社会价值或行为规范。这种由个体发出的声音，通过亲人、朋友和社会群体的传递，潜移默化地影响更多人的行为和态度，增强社会集体对可持续发展的责任感。

叙事遗嘱在推动社会责任和可持续发展方面具有文化传承的作用。个体的生命故事包含着个人的成长历程、遭遇的挑战以及如何应对这些挑战的智慧。这也是某些社会责任和道德规范的传承。通过叙事遗嘱，个体将自己对社会、环境和家庭的责任意识传递给后代，确保这些价值观在后代中得以延续。这种文化传递不仅限于家庭成员之间，还可能超越家庭，影响更广泛的社会群体，因此成为促进社会文化可持续发展的重要内容。

叙事遗嘱的实施可促进社会对可持续发展的广泛关注，特别是在应对全球性挑战（如气候变化、社会不平等、公共卫生等）方面，个体可回顾自身如何应对环境变化、社会责任等问题，分享解决问题的经验与智慧。例如，个体在叙事遗嘱中可能表达对环境保护的关注，鼓励后代继承和发扬可持续生活方式，且随着时间的推移，可在全社会范围内产生深远的社会效应。

因此，叙事遗嘱在社会责任和可持续发展方面具有重要作用。通过叙述生命故事，个体可在其生命的最后阶段为社会传递责任感，推动文化和价值观的传承，进而促进社会和谐与可持续发展。

七、面临的挑战和策略

在实施叙事遗嘱的过程中，社会心理学领域面临一系列挑战，涉及情感支持、沟通障碍、社会认同及文化背景等方面。首先，个体在叙述生命故事时可能面临情感上的难题，尤其是临终个体可能因焦虑、恐惧或未尽的遗憾而难以流畅表达。这些情感困扰不仅影响个体自我反思的深度，也影响叙事遗嘱内容的准确表达。其次，家庭成员和社会群体在接纳和理解叙事遗嘱时，可能因代际差异、文化背景的不同而产生理解偏差或冲突。例如，长辈可能更倾向于传统的死亡观念，而年轻一代可能对生命和死亡有不同的认知，这使叙事遗嘱的传递和接受面临代际文化沟通上的挑战。再者，个体在面对死亡时可能会感到孤独，缺乏足够的社会支持，这在一定程度上影响其在叙述和传递生命故事时的情感表达。

针对这些挑战，需要采取一定的心理学策略。情感支持是应对情感困境的有效途径，情感支持来源包括亲朋好友和专业心理人员，尤其是在生命终末阶段，情感支持对于个体自我和解与生命反思至关重要。可为个体营造符合个人意愿的支持性环境，减少其对死亡的焦虑。加强沟通技巧有助于克服代际和文化差异带来的理解障碍，尤其要加强非语言沟通（如肢体语言、眼神接触、共情回应）的能力。

此外，可结合数字技术的应用，如文本分析、情感计算等技术手段，促进沟通和传播的有效性。例如，情感计算技术能够分析个体在叙述生命故事时的情感波动，帮助研究者理解情感变化对生命意义构建的影响。同时，文本分析可以将大量叙事遗嘱数据转化为量化信息，使得大规模数据的处理和理解变得高效，增强对社会群体在死亡和生命意义话题上的理解。

未来的社会心理学还将注重跨文化和跨群体的比较研究，探讨不同文化和社会群体中个体生命观的差异和共性。叙事遗嘱作为个体生命故事的载体，承载着个体的独特经历，映射出文化背景对生命观念的深刻影响。通过跨文化的比较研究，可揭示不同文化对死亡及生命意义的影响，推动社会文化反思与价值重构，为社会心理学的研究注入新的动力，并提供新的视角。

第十章　文学视角下的叙事遗嘱

叙事遗嘱通过文学语言的艺术化表达，赋予个体生命故事情感张力和文化厚度。文学视角通过小说、散文、诗歌、戏剧以及自传等文学形式，提供生命体验的多元路径表达，使其在跨越生死界限的叙述中，助力人们深刻地思考生命的本质及个体在世界中的独特存在。在这一章中，我们将深入探讨文学视角下叙事遗嘱的表现形式及其在生命意义表达中的作用，揭示如何通过文学语言和叙事技巧，实现生命资源的贡献和生命意义的传承。

一、叙事遗嘱的文学基础

文学在生命故事的表达中具有不可替代的作用，它通过文字的艺术力量赋予个体的生命经历丰富的情感层次和文化价值。文学是故事的叙述，是情感、思想和人性的深刻表现。在叙事遗嘱的框架下，文学通过情节的推进、人物的塑造以及环境的描写，将个体的生命经验转化为具有普遍意义的艺术作品。这些生命故事通过文学的艺术化处理，使个体的经历和情感不再局限于自我表达，而是向更广泛的读者传递共鸣。例如，文学中的人物塑造可以将生命经历从单纯的事件叙述转变为富有情感张力的生命故事。每个故事中的人物都承载着作者的思想和情感，通过其行为和抉择表达个体经验，还可通过人物的命运、情感的波动，感知到生命的意义。环境描写也是文学手法之一，它通过呈现人物所处的环境与背景，揭示个体在社会、历史和文化背景下的生命历程，使生命故事的艺术性呈现更具深度和层次感。因此，叙事遗嘱可借助文学技巧，把个体的生命故事从冷冰冰的遗嘱文本转化为具有情感深度和象征意义的艺术作品，增强了叙事遗嘱的表现力和感染力，也帮助个体通过文学形式传达自己对生命、死亡、家庭和社会责任的思考与理解。

叙事遗嘱可以作为某种文学体裁，其文学性质体现在它通过语言艺术的形式呈现个体的生命历程和精神世界。叙事遗嘱的文学性质也体现在它对生命历程的叙述方式上，通过生动的语言、细腻的情感描绘及具有象征意义的细节设计，丰富故事的文学色彩。例如，叙事遗嘱中的叙述者可以通过对特定事件的细节描写，表达其对某一时刻、某一人物或某一事件的深刻感受，进而阐述个人如何在这一事件中获得人生的教训或启示。

文学作品通过情节的起伏、人物的命运变化以及冲突的设计，体现了个体对生命的终极追问与意义探寻。在叙事遗嘱中，文学视角同样能帮助个体深入探讨和反思生命的意义，特别是在面对终结时刻的深刻思考。通过文学化的叙事，将自己生命中的关键时刻、重要决定和情感冲突生动地呈现出来，带领读者进入个体的内心世界。叙事遗嘱通过对这些生命片段的回顾和反思，阐述个人如何面对生死，还通过对命运的思考，提出人们在终极关怀中的普遍问题，成为充满哲理和生命智慧的文化作品。

二、生命故事的艺术化呈现

（一）小说中的叙事遗嘱表达

在小说中，叙事遗嘱通过巧妙融入故事情节或人物对话中，呈现出丰富的表现形式。作为文学的精致体裁，小说通过塑造深刻的人物内心世界和复杂的人际关系，以多种形式呈现叙事遗嘱的表达。

人物之间的互动是叙事遗嘱表达的重要方式。通过对话，人物能够传达内心的感受、思考和愿望，使叙事遗嘱融入情节中，增强故事的生动性和深度。人物的内心独白则直接带领读者进入其内在世界，展现其独特的生命观和情感体验。

随着情节的发展，叙事遗嘱逐渐揭示人物的信仰、价值观和情感，丰富和充实整个故事。通过这种方式，叙事遗嘱折射其中的人物性格和情感，赋予小说深刻的文学内涵。

（二）散文展现个体生命观

散文作为表达个体情感和深思的文学形式，为叙事遗嘱提供直接且独特的表达途径。在散文的自由写作空间中，个体能够用抒情且深刻的语言，真实地展现对生命的理解和对未来的期望。

散文在表达人生意义、价值观和生命感悟时具有独特的语言魅力。散文通过自由流动的文风和富有情感色彩的描写方式，让个体的生命观得以自然融入其中。散文的自由度赋予叙事遗嘱丰富的表现力。个体可以通过散文的形式，采用自己独特的视角和语言，展现内心深处的情感与思考，直白的表达方式可以增强叙事遗嘱的亲近感，有助于理解个体的情感和生命观。

（三）诗歌中的生命之歌

诗歌作为高度浓缩且富有艺术性的文学形式，是叙事遗嘱独特的表达途径。在诗歌中，叙事遗嘱可以通过简练有力的语言，将生命的深思与情感浓缩成每一个词语、每一行诗。通过诗歌的形式，叙事遗嘱将情感与思想进行艺术化呈现，赋予其生命的诗意和象征。

在诗歌的表达中，叙事遗嘱通过押韵、节奏和意象的运用，能够创造出富有音乐感和节奏感的作品。这种节奏的流动丰富叙事遗嘱的情感色彩。诗歌通过其独特的语言魅力，将个体的情感、思考与愿望凝聚在精致的诗句中，既展现生命的美好画卷，也体现生死的沉思和感悟。

诗歌作为情感与生命观表达的符号系统，展现生命的复杂与多彩。诗歌的独特结构和形式使叙事遗嘱在文学中具有独特的地位。每个字句都可以是对生命的深刻反思，每个停顿和转折都能引发更深层次的思考。在诗歌的世界里，叙事遗嘱通过具有创意的艺术形式和语言力量展现生命之歌，唤起读者对于生命与死亡的反思。

（四）自传和回忆录

自传是个体以第一人称的方式回顾和叙述自己一生的经历、成长过程及重要时刻。它不仅仅是对过去的回忆，更是个体对生命、成长和变化的深刻反思。自传通过详细的叙述帮助作者整理过去，构建自我身份，同时也是对外界、对后代的文化和思想传承。回忆录则通常侧重于特定的生命阶段、某些事件或重要人物的影响，它通过片段式的记忆和深刻的反思，呈现出个体对某一时期或经历的特殊理解。

自传与回忆录作为叙事遗嘱的一种载体，赋予叙事遗嘱更加生动、感人的生命内涵，促进个体对生命的深度反思和独特表达。通过自传的结构，个体将自己的一生呈现为一部完整的生命史，使叙事遗嘱的表达更加完整和有层次；而回忆录则通过片段式的叙事，捕捉生命中的某些关键时刻、情感和抉择，使叙事遗嘱的表达更富有哲理。

自传和回忆录可将叙事遗嘱的文字表达输出为某种生命的力量。无论是自传还是回忆录，均是一种可跨越时空的生命对话方式，增加叙事遗嘱的实用性、高度和深度，展示叙事遗嘱独特的艺术魅力与文化价值。它们承载个体对生命意义、家族关系和社会责任的深思熟虑。通过这种形式，叙事遗嘱作为宝贵的精神财富传递给后人。

三、故事集里的交织人生

在故事集中，多个叙事遗嘱交织在一起，构成一幅幅丰富多彩的叙事画卷。每个个体通过其独特的方式表达生命观、信仰和价值取向，形成错综复杂的叙事网络，丰富人生故事的哲理性。

故事情节、生命叙述主题和情感层面的深度互动都代表了个体对生命、价值和人性的独立见解，呈现出人生经历的多样性和复杂性。通过对不同个体生命历程的刻画，将个体经历的人生立体化，展现生命的丰富性、多维性和复杂性，同时增加作品的层次感和反思性。故事集不仅反映个体生命的复杂性，也反映社会背景和人类存在的深刻问题，具有广泛的文化和哲学价值。

四、文学评论中的遗嘱审视

学者和评论家在解读文学作品中的叙事遗嘱时，通常会从多个层面进行审视。首先，他们可能关注叙事遗嘱的文学形式，分析作者的叙述技巧、语言运用以及叙事结构。通过对文学技巧的解读，学者可以深入挖掘叙事遗嘱在作品中的表达方式和艺术效果。其次，学者和评论家可能关注遗嘱所蕴含的主题和思想。他们会探讨叙事遗嘱中有关生命、人性、社会和哲学等方面的观念，分析其中的哲学深度和思想内涵。这种解读有助于揭示作品的意义，以及作者通过叙事遗嘱所传达的思想信息。此外，学者还可将叙事遗嘱置于文学、历史、文化等背景中进行考察。通过对时代背景和社会语境的解读，可以深度理解叙事遗嘱的涵义，并分析其对当时社会的影响。

文学评论在审视叙事遗嘱时，对生命哲学的贡献主要体现在人生意义、存在价值和道德观念等方面。文学评论家可能关注叙事遗嘱中的人生观，挖掘个体对生命目的和意义的理解，会分析叙事遗嘱中的道德取向，思考作者如何通过叙事遗嘱表达对善恶、道德价值的看法，这种讨论有助于拓展生命哲学的范畴。此外，文学评论还可能从文学作品中提取出关于存在、时间、自由意志等生命哲学主题，丰富对人生意义和价值的理解。

五、文学视角的未来研究

在文学视角下，叙事遗嘱被视为一种特殊的生命写作形式，它结合了自传、抒情和哲学思考的元素，通过个性化的叙述语言构建了对生命意义的文学诠释。从文体特点来看，叙事遗嘱突破了传统遗嘱的固定模式，形成了一种既私人又普遍的叙述方式。其文本中所展现的情感力量、记忆重塑和对存在的反思，为当代生命写作研究开辟了新的视角。在文学治疗的范畴内，叙事遗嘱的创作过程本身就具有自我治愈的效用，通过将故事化的内容整合，实现了生命经验的审美转化。

未来的研究可注重对不同文学作品中叙事遗嘱的比较和对比，探讨不同文学流派和时期对于叙事遗嘱的表达方式的影响，有助于揭示叙事遗嘱的多样性和文学演变中的变化。其次，还可结合数字化和文学技术的进步，关注电子文学中叙事遗嘱的呈现形式，如电子书、虚拟现实等新媒体形式等，促进新媒体环境下叙事遗嘱的创新和变革。再者，关注叙事遗嘱与其他文学元素的关系，如人物塑造、情节发展等。通过对叙事遗嘱在整体文学作品中的角色进行系统的研究，可以深化对叙事遗嘱在文学中的作用的理解。最后，注重文学作品对社会、文化和心理层面的影响，探讨叙事遗嘱如何反映、影响或塑造社会观念、文化认知以及个体心理状态，从而拓展叙事遗嘱在文学中的社会意义。

因此，未来研究还可继续探讨其叙事策略、隐喻系统及跨媒介传播，进一步拓展生命叙事研究的理论边界。

第十一章　法学视角下实施叙事遗嘱

叙事遗嘱作为独特的法律文书，与传统遗嘱相比，确实突出了对个体生命故事和价值观的尊重与传承，强调通过叙事形式呈现个人对生命经历的整体体验和意义解读。在法学视角下，叙事遗嘱的关注点不仅在于其法律效力和形式要求，还涉及如何确保其在法律框架内的有效实施，尤其是在家庭法、遗产法及伦理法的交汇点上，如何平衡个体意愿与法律规范的关系。

一、叙事遗嘱的法律效力

叙事遗嘱的法律效力涉及法律、伦理和社会认可的重要议题。叙事遗嘱能否与传统遗嘱享有相同的法律保障，主要取决于它是否符合遗嘱成立的基本要素，包括合法性、清晰性和遗嘱人意愿的表达。在许多司法体系中，传统遗嘱要求明确、具体的指示，而叙事遗嘱则通过叙事的方式呈现个体的生命故事与意愿，可能面临在形式上的法律认定问题。因此，是否能够在法律上得到有效执行，取决于叙事遗嘱是否符合遗嘱法的基本规定，并获得法院的认可。

叙事遗嘱的实施常常涉及法律与伦理的交叉。叙事遗嘱不仅承载着个人对生命的独特理解，还可能涉及对亲属的情感安排、社会责任的承担等。此时，遗嘱人的意愿往往需要在法律与伦理之间找到平衡。例如，遗嘱人可能在遗嘱中要求特殊的家族安排或社会责任履行，但这些内容是否能被法律接受，取决于是否符合公共秩序、家庭伦理及法律规定。

确保叙事遗嘱的有效实施，法律可通过一系列措施保障其执行力。这包括遗嘱的确认程序、执行监督机制以及争议解决渠道。在实际操作中，相关机构需要审查叙事遗嘱是否符合法定要求，确保其有效性并指派合适的执行人。如果发生争议，法律也应当提供有效的争议解决机制，确保遗嘱人的意愿得到尊重和实现。同时，随着社会发展和法律体系的完善，相关法律可以进一步明确叙事遗嘱的实施程序，以减少执行中的法律障碍和伦理冲突

二、叙事遗嘱的合法性思考

（一）个体自由表达的权利

叙事遗嘱突显了个体在生命终结前行使自由表达权利的迫切需求。这种遗嘱形式赋予每个人以独特且个性化的方式表达遗愿的权利，尤其是在面对死亡时，能够通过叙事形式传达个体的生命故事。在法律框架内，叙事遗嘱的自由表达合法性成为值得深入探讨的议题。这种自由表达的合法性建立在法律对个体权利的尊重和保护之上。法律体系应当认可并尊重生命终结阶段个体独立意愿的表达，确保他们有权以独特的叙事方式来界定自己的生命轨迹。每个人都有独特的生命经历、信仰和价值观，叙事遗嘱能够以更个性化和情感化的方式表达这一切。从法律的角度来看，尊重个体自由表达权利体现了法律体系的开明与灵活。法律不应只是僵化的规定，而应与社会变迁和个体需求相契合。因此，对于叙事遗嘱的合法性认可，可以看作是法律体系在人性和生命体验方面的进步，以满足日益多元化的法律需求。叙事遗嘱的自由表达使法律更加尊重人性，促进社会法治观念的不断演变。

（二）法律的灵活性和创新

叙事遗嘱的兴起标志着法律体系在灵活性和创新方面的应变能力。这一新型的遗嘱表达方式反映了社会变革的需求，推动法律体系积极适应这些变化。在讨论叙事遗嘱的合法性时，应当强调法律体系的包容性，支持并接纳新颖、独特的遗嘱形式，以确保法律能够与个体日益多样化的需求保持一致。

法律的灵活性体现在其对社会变革的适应性以及对法律实践的响应能力上。叙事遗嘱的出现反映了人们对传统遗嘱形式的某种不满足，以及对更具个性化、情感化表达的强烈需求。在这种背景下，法律体系应展现出灵活性，而不是固守传统规范。这种灵活性使法律能够更好地服务社会，满足个体的生命体验与需求。而法律的创新，也应视为对个体多元化法律需求的积极回应。叙事遗嘱的独特性要求法律体系不断探索适应它，而不是排斥它。合法性的讨论应当强调法律的开明与包容性，确保个体在表达意愿时不受传统法规的束缚，体现对多样性和个体自由的尊重。在合法性问题上，法律应以开放的态度支持并接纳新型遗嘱形式，从而推动法律与社会的和谐发展。

（三）社会认可和演变

社会对叙事遗嘱的认可程度直接影响法律对其合法性的认定。随着社会对叙事遗嘱的逐渐理解和接受，认为它是一种合法且合理的表达方式，法律应顺应这一社会认可的演变，将叙事遗嘱纳入法律框架，确保其合法性。社会的认可是法律合法性的重要基础。如果社会大多数成员认可叙事遗嘱作为有效的遗愿表达方式，那么法律的合法性就会在社会共识的基础上得到建立。社会认可意味着叙事遗嘱不仅得到了广泛的理解和支持，也反映了人们对遗愿表达多样性和个体自由的尊重。在这种情况下，法律体系应当密切关注社会态度，并根据社会观念的变化调整相关法规，以确保法律与社会观念保持一致。

法律的演变往往伴随社会变革和认知进步。如果社会对叙事遗嘱的认可逐步增多，法律应做出相应调整，以真实反映并满足社会期望。这种法律体系的灵活性，将充分考虑并尊重不同文化和价值观，建立公平、合理的法律框架。随着社会对叙事遗嘱认可度的提升，法律体系应积极响应，将其纳入合法性范围。这一变化是法律与社会互动的自然结果，也是法律体系不断适应社会需求和文化变迁的体现。这种社会认可的演变将推动法律体系与社会需求紧密结合，使叙事遗嘱得到法律保护。

（四）法律的人性化

法律的人性化在叙事遗嘱合法性的问题中显得尤为重要。传统法律体系往往以机械的方式解读书面文件，但在叙事遗嘱的情况下，法律应更深刻地理解和尊重个体的人性与生命经验。叙事遗嘱承载了个体的情感、信仰和价值观，法律的人性化应体现在对这些情感与价值观的理解与关怀上。法律不应仅将叙事遗嘱看作单纯的法律文书，而应意识到其中蕴含着生命故事、个体期望和深刻的人生体验。

法律体系应承认叙事遗嘱是个体生命终结前的真实表达，具有情感和个性化的独特性。理解个体人性的法律阐释将使法律更具灵活性，更好地满足不同个体的需求。通过关注和尊重个体的特性，法律可以保护法律秩序，还能全面地考虑人类生命的复杂性和多样性。

三、叙事遗嘱的法律实施路径

叙事遗嘱作为一种新兴的遗愿表达形式，其法律实施路径涉及多个层面的保障与支持，包括法律程序的规范化、社会对叙事遗嘱的认同，以及文化和伦理层面的适应与落实。为确保叙事遗嘱在法律框架内有效实施，必须考虑如何平衡遗嘱人意愿的实现与家庭成员、社会以及法律制度的多重需求。

叙事遗嘱的实施需要法律的保障，确保遗嘱人的意愿能够被尊重和执行。首先，法律框架应为叙事遗嘱的有效性提供保障。当前，许多国家的继承法已经允许在一定条件下使用书面遗嘱外的形式表达遗愿，如口头遗嘱或电子遗嘱。为了确保叙事遗嘱的合法性，法律可以通过明确规定叙事遗嘱的形式要件、执行程序以及遗嘱执行人的职责，建立一套完整的法律体系，包括如何确定遗嘱执行人（通常由遗嘱人指定），以及如何确保遗嘱执行人根据遗嘱人的意愿公平公正地进行分配与文化传承。在法律框架内，叙事遗嘱应当经过公证或其他法律程序，以确保其不受伪造、篡改或其他法律障碍的影响。同时，遗嘱执行人有义务根据遗嘱人的要求来处理家庭成员的权益保障等事务，且在处理过程中需尽量保持遗嘱人的个性化意图，尤其在涉及特殊家庭关系、感情纽带、文化传承等层面时，遗嘱执行人应充分了解并尊重遗嘱人的心愿。

叙事遗嘱的实施还涉及社会伦理、家庭关系与文化传承等方面的互动。叙事遗嘱的实施需要得到社会的广泛认同和支持。这要求法律在处理遗产管理和家庭成员权益保障时，充分考虑到叙事遗嘱所传递的个性化意图及其社会文化价值。例如，某些叙事遗嘱可能涉及特殊的文化或信仰习惯，遗嘱执行人不仅要遵循法律规定，还需关注文化背景和家庭成员的需求，确保遗嘱的实施既符合法律要求，又能反映遗嘱人的生活经历与社会价值。此外，叙事遗嘱的实施还涉及家庭成员间的权益保障问题。遗嘱人在遗愿中可能会选择不公平的分配方式，或是根据个人情感对特定成员予以优待或排除，这时，法律体系应设立保障机制，以防止引发家庭成员间的争议或不满。法律不仅应保障弱势继承人的基本权益，还应允许遗嘱人对其个人生活经历和特殊情感的表达，提供适当的法律支持和保障。

四、叙事遗嘱与家庭法律关系

叙事遗嘱对家庭法律关系的影响深远。其不仅能够反映遗嘱人个体的生命历程和独特价值观，还可能在遗产分配、家庭成员权益保障以及继承义务等方面带来复杂的法律问题。为此，叙事遗嘱与家庭法律关系的协调，需要通过法律框架的创新与完善进行充分考量。

叙事遗嘱对家庭法律关系的影响，首先表现在如何通过个体意愿的表达在家庭继承中体现个人的价值观。传统的遗嘱形式通常侧重于物质遗产分配，而叙事遗嘱则不仅关注物质遗产的分配，还能传递遗嘱人的情感、期许及文化认同等深层次内容。这种个性化的遗愿表达，特别是在家庭关系中的体现，挑战了传统继承法的刚性规定，要求法律在保障遗嘱有效性的同时，尊重和支持这种情感丰富和个性化的表达。遗嘱人可通过书面遗嘱或公证遗嘱明确其遗产分配意图，而叙事遗嘱则可能以口述、影像记录等形式存在，这种形式的变革使遗嘱执行超出物质遗产的划分，涉及精神遗产、家庭文化传承等复杂的法律问题。家庭法律体系需要明确如何保障叙事遗嘱的有效性，同时让其能够充分表达遗嘱人的意愿，特别是在面对遗产继承权、家庭成员关系等多方因素时，如何协调个体与集体的利益。

在家庭法律体系中，如何保障叙事遗嘱中的个体意愿与家庭成员的权益平衡，是法律实施中的一大难题。家庭成员之间通常存在法定继承权，且法律对这些权利的保障具有强制性。但随着社会结构的多元化和家庭关系的复杂化，传统的法定继承制度常无法充分反映个体的独特意愿，尤其是在亲属关系较为复杂、家庭成员之间存在情感纠葛或长时间的支持与付出时。叙事遗嘱通过提供更多自由表达的空间，允许遗嘱人在遗产分配时考虑到家庭成员之间的特殊关系或情感。这挑战了传统继承法中的“亲属优先”原则，也提出了如何协调遗嘱人意愿与家庭成员法定继承权的法律难题。因此，法律在此情境下需通过某种平衡机制，保障叙事遗嘱的个性化意图，同时避免因过度重视个体意愿而损害其他家庭成员的基本继承权利。例如，法律应为家庭成员提供对叙事遗嘱的审查机制，确保遗嘱不违反公共政策或基本法定继承权，而遗嘱人在表达个性化遗愿时，也应考虑到不同家庭成员的合理权益。

由于叙事遗嘱具有较强的个人色彩和情感因素，且常常不完全符合传统法定继承顺序，容易引发家庭成员之间的矛盾。为了有效解决因叙事遗嘱而产生的家庭争议，法律应建立完善的争议解决机制。首先，法律应提供明确的程序保障遗嘱的合法性，确保遗嘱人在法律上得到保护。其次，在遇到家庭争议时，应当通过调解、仲裁等方式，尽可能地寻求平衡各方权益的方案。特别是在法律规定的强制继承权与叙事遗嘱的意图发生冲突时，法院应充分考量遗嘱人的独特意愿，并在法律允许的范围内适当调整，以实现“尊重遗嘱人意愿与维护家庭公平”的平衡。此外，遗嘱执行人在处理叙事遗嘱时，应严格遵循法律程序，确保所有涉及遗产分配、文化传承、家庭成员权益的事务都得到合法、透明和公正的处理。若争议无法通过协商解决，司法干预将成为最终解决争议的手段，尤其是在涉及大额遗产、家族企业等复杂问题时，法院的裁决应综合考虑情感因素与法律原则。

通过建立有效的争议解决机制，叙事遗嘱能够在法律框架内顺利实施，同时最大程度地实现遗嘱人个性化意愿的表达与家庭关系的和谐。这要求法律专家、心理学家、社会工作者和文化学者等跨学科合作，共同研究叙事遗嘱的实施路径，确保法律实施考虑到个体的心理需求和社会文化背景。

五、叙事遗嘱的跨文化适用

叙事遗嘱因其个性化和文化特色，在国际化和跨法域继承中构成了显著挑战。全球化进程中，个人跨国资产和家族背景的增多使得跨国继承问题日益凸显。各国继承法的差异导致叙事遗嘱在跨国执行中面临合法性问题，尤其是在非物质遗产传承方面，不同国家对叙事遗嘱的法律支持存在差异。叙事遗嘱的有效执行不仅取决于相关国家是否承认其形式，也取决于是否能适应不同法律体系间的差异。国际私法中的冲突法原则常被用来解决跨国继承中的法律适用问题，但还需确保遗嘱执行人在不同法域内的权利与义务。

叙事遗嘱不仅是法律文件，也是文化和精神遗产的载体，其跨法域实施的复杂性要求尊重个体文化多样性。推动叙事遗嘱合法化和实施需要建立灵活的法律框架，引入文化敏感的遗嘱解读机制，并保障法律权利与文化传承之间的平衡。法律在制定遗产分配规则时，应考虑家庭文化和情感需求等非物质因素的传承，尊重遗嘱人的意愿，确保文化遗产和家族故事的顺利传承。

跨国法律合作和司法协助机制对于解决叙事遗嘱在不同文化背景下的合法性和执行问题至关重要，有助于推动叙事遗嘱的全球合法化和文化传承。面对国际继承中的法律适用问题和文化与法律融合的挑战，各国需要在全球化背景下进行有效协作和创新，建立更具包容性的法律框架和跨文化法律解释机制，以实现叙事遗嘱在全球范围内的有效实施。

六、法律视角下叙事遗嘱的未来发展与挑战

随着人们对生命意义和价值观的重新认识，叙事遗嘱的需求和理念逐渐受到现代社会的关注。然而，随着全球化、社会变化及技术发展，叙事遗嘱在法律层面的实施也面临许多挑战。法律需要逐步适应人类对生命、文化和个体价值观的深刻理解，以确保叙事遗嘱能够更好地反映多维度的生命意义。在传统的法律框架中，遗嘱主要针对物质遗产的分配，而叙事遗嘱则强调情感、文化、历史等非物质层面的传递。这要求法律形式具有包容性和灵活性，允许遗嘱采用文字、视频、音频等多种方式表达个人意愿，并逐步建立跨文化的解读标准，保障不同文化背景下的遗嘱解读和实施。此外，现代社会中的家庭结构日益多样化，叙事遗嘱要能够适应这种变化，帮助实现对个体意愿的精准

表达。

在法学视角下，叙事遗嘱的发展和研究主要集中在几个核心议题上：法律效力、形式要求及权利保护。作为一种创新的遗嘱形式，叙事遗嘱除了传统的财产分配功能外，还强调了对生命故事和情感表达的法律保护。其法律价值在于深入还原遗嘱人的真正意愿，并扩展保护了人格权、隐私权等权利。然而，叙事遗嘱的非标准化特性也带来了法律适用上的挑战，包括如何认定内容的真实性、如何判断形式的合法性等。未来的研究应当致力于构建叙事遗嘱的法律框架，平衡个人意志的自由与法律的规范，探索区块链等技术在证据保存方面的应用，推动遗嘱制度从“财产中心”向“人格综合保护”转变，为现代继承法带来人文关怀的新视角。

随着科技进步和社会变革的不断推进，叙事遗嘱也面临着新兴法律问题的挑战。例如，数字遗嘱具有便捷性和传播性，但其法律效力的认定、修改更新的合法性及数据安全问题尚未统一。在全球范围内，不同国家对于数字遗嘱的法律效力存在差异，如何在跨法域中确保数字遗嘱的法律效力是亟待解决的问题。另外，虚拟财产继承也是法律挑战。叙事遗嘱还面临伦理与隐私保护等法律挑战。由于叙事遗嘱往往包含个人私密信息、情感表达以及家庭历史等内容，保障遗嘱中的隐私成为法律难题。遗嘱执行人在公开或执行遗嘱时，如何在法律和伦理框架内处理个人隐私问题，确保遗嘱内容的尊重与隐私的保护，也是未来法律应对的核心问题。因此，叙事遗嘱的法律发展需要在技术、文化与伦理之间找到平衡点，持续推动法律创新，以确保叙事遗嘱在现代社会的合法化和广泛应用。

第十二章　生命哲学视角下的叙事遗嘱

叙事遗嘱是生命哲学的具体实践，融汇了个人对生命意义的独特诠释。叙事遗嘱中的时间观与当下体验构成了丰富的内涵，反思过去，感悟当下，并赋予未来以展望。

一、生命哲学的基本方面

（一）存在本质与个体独特性

存在的本质直接触及我们为何存在、存在的意义何在，以及存在与虚无之间的关系。生命哲学通过审视这些深邃的问题，引导我们探索生命的根本价值与目标，挑战我们对存在的常规认知，并促使我们思考人类在宇宙中的定位。个体的独特性在这一哲学框架中占据了重要地位。每个人都是生命的独特表达，拥有自己的经历、情感和认知方式。这种独特性不仅是个体的外在特征，更是对生命多样性和不可替代性的一种体现。每个生命都具有独一无二的轨迹和体验，这些体验和观点为我们生存的空间增添了独特的色彩与深度。正是因为个体在生命中的不可替代性，我们才得以感知存在的意义，体验生命的丰富性与复杂性。

在生命哲学的视野中，存在的问题与个体的独特性相互交织，构成了我们对生命深层意义的追问。这一思辨过程帮助我们深入理解生命的奥秘，也呼唤我们认识到每个人在这广袤宇宙中的独特且珍贵的存在。叙事遗嘱作为具有鲜明个性化特征的生命表达形式，记录个人的生命史，在某种程度上回应生命哲学性的思考，赋予每个个体在生存空间中的存在意义。

（二）时间与生命

时间是生命流动的背景，深刻影响着个体的成长、认知以及对世界的感知。时间通常被视为由过去、现在和未来三个维度构成的连续体。过去是我们经验的积淀，是认知与感知的根基。每个人的过去都充满了转折点与成长，这些记忆构成了生命的基石。现在则是个体生命的真实体验，是我们不断与世界互动、做出选择、形成关系的时刻。未来是个体对生命的期许和目标的投射，是选择和决定的延续与展望。时间的流逝不仅仅是线性的，它是生命经验的雕刻者。随着时间推移，个体经历了成长、挫折和风雨，每段经历都在生命的画布上留下了印记。这些印记塑造个体的认知与生命观，赋予生命深刻的内涵。个体在时间的流动中不断变迁，时间成了见证生命深度与多样性的力量。

时间与存在是生命哲学中不可忽视的维度，反映了个体生命经验的变迁，揭示时间对生命的独特意义。通过对时间的深刻理解，我们不仅感受到其流逝的不可逆性，也敬畏它赋予每段生命旅程的深沉意义。

（三）价值观与道德选择

价值观与道德选择共同构筑了个体对于生命的深刻理解和实践，揭示个体如何在复杂的生命旅程中做出意义深远的选择。价值观的探讨是生命哲学的根本思考之一。个体的价值观构成了他们对生命意义的基本认知框架。每个人都有自己独特的价值观，这些价值观决定了他们对于幸福、成功、爱、友情等基本概念的理解。它们是个体行为的内在动力，是生活选择和决策的指引。生命哲学通过深入挖掘这些价值观，表明它们如何在不同的人生历程中影响个体的思考和选择。无论是追求真善美，还是对自我实现的渴望，价值观都在塑造个体的生命意义上起着至关重要的作用。

生命旅程中，我们都会面临无数道德抉择，影响生命的方向和内涵。生命哲学对道德伦理的探讨，特别是对道德原则、信仰和价值观的考察，彰显个体在面对伦理困境时的决策过程。这些决策常涉及对善与恶、义务与责任、个人与社会等多重关系的理解。生命哲学通过分析这些道德选择，帮助我们理解个体如何根据其独特的信仰体系和价值观做出决定，以及这些决定如何塑造个体的生命品质。

（四）死亡与生命的完整性

死亡与生命的完整性影响个体对于生命的理解与实践。个体对死亡的看法是其生命观和行为的关键因素之一，且对生命完整性的思考涉及整个生命周期的综合认知，关乎生死的全貌。

生命哲学对于死亡的探讨包括对死亡是生命终结还是新开始的深刻思考。一些哲学流派认为死亡是个体存在的终结，是生命的消逝，而另一些哲学家则提出，死亡并非终结，而是一个过渡，标志着灵魂或生命能量的延续和转变。对于死亡的不同理解直接影响我们对生命的看法，进而影响个体对未来的期许和人生目标的设定。如果死亡被视为生命的终结，它可能促使人们珍惜眼前每一刻，活得更加充实与坚定。而若死亡被看作是一种过渡，它或许让个体在生命的尽头能够更平静地面对死亡，并在生命的各个层面上寻求永恒的意义。

生命的完整性思考则聚焦于个体整个生命周期的认知和价值。生命哲学倡导从全局角度来看待个体生命，关注各个阶段的成长、学习和经历如何共同丰富生命的内涵。生命的完整性不仅体现在生理和物质层面，更涵盖个体的精神、情感、社会关系等维度。从生命的诞生到死亡，每个阶段都赋予生命独特的意义与价值，它们互为支撑，构成了互相关联、不可分割的整体。个体在生命历程中的每一次体验和抉择，都增加其存在的完整性。

深入剖析死亡与生命完整性的关系，有助于我们理解个体如何通过死亡的视角反思生命的价值，以及整个生命周期中每一阶段如何共同塑造了生命的丰富性和深度。这种思考引导我们更加深入地理解生命的奥秘，使我们能够以全局角度看待生命的每个瞬间，珍惜其不可复得的独特性。面对死亡时，个体能够以更加从容、平静的态度审视自己的存在，并在其中寻找到生命真正的意义。

（五）人际关系与社会联系

人际关系与社会联系是生命中至关重要的组成部分，它们影响个体的情感和行为，赋予生命深刻的意义。人际关系包括亲情、友情等情感纽带，同时也是个体与他人共同构建生活意义的桥梁。而社会联系则扩展到个体与更广泛社会环境的互动，形成生命意义的重要支撑。

人际关系在生命的意义中发挥着核心作用。亲情、友情等人际关系为个体提供情感支持和理解，塑造个体的行为模式和思维方式。人际关系还为个体提供相互分享与互动的空间，丰富生命的层次和体验。从哲学的视角来看，人际关系是理解自我、他人和社会的窗口，通过相互依赖和互动，帮助个体不断构建和深化对生命的理解。人际关系也是个体存在的一部分，促使个体得以感知他人的存在，也能反思自我的生命价值。亲情和友情作为最为直接和深刻的关系形式，常是个体生命意义的源泉之一，影响着个体对世界和人生的看法。

社会联系强调个体与更广泛社会环境的互动。个体不仅是家庭和亲密关系的成员，同时也承载着在社会中的角色、责任和使命感。通过参与社会活动、工作和集体互动，个体在社会中找到属于自己的位置和价值、定位和归属感。

社会联系使个体理解自己和他人的关系，赋予生命更深层次的意义。社会环境中的支持、反馈和互动促使个体关注社会的整体福祉和共同发展。个体与社会的互动是生命哲学中不可忽视的维度，体现个体生命意义的多维性和广泛性。

（六）主观体验与客观现实

主观体验与客观现实共同构成了个体对生命意义的理解，它们相辅相成，丰富生命体验。主观体验是理解生命深层含义的重要途径。每个人的内心世界都承载着情感、信仰、愿望和独特的感知，这些内在的主观体验呈现个体对生命的理解。个体的主观体验被视为理解人类存在和生命意义的核心路径，包括对爱的体验、对美好瞬间的感知、对痛苦与挑战的反思，以及对人生意义的深刻思考。个体如何体验和感知世界，如何诠释这些经历，是生命哲学探索的主要内容。

个体的生命是孤立的存在，深深嵌入社会和文化的客观现实之中。客观现实包括个体在社会结构中的地位、文化认同、历史背景等因素，这些外部因素影响个体的选择、行为及对世界的理解。个体在客观现实中的体验和处境，与其主观体验交织在一起，为生命的意义提供外部的参照框架。通过与社会互动、文化认同，以及历史时空中的存在，个体的生命意义得以形成和展示。客观现实是某种外在的力量，塑造个体的命运轨迹和生命选择。

生命哲学中的主观体验与客观现实的关系，强调个体如何在这两个维度之间找到平衡与整合。个体的生命意义既不是完全孤立的主观构建，也不是仅由外部环境所决定。相反，生命的意义是在个体的内心体验与外部现实之间不断互动、交织的过程中建构而成的。这一哲学思辨表明，在不同的生命背景和处境中，个体是如何通过对主观体验和客观现实的反思，赋予自己的生命意义。

二、生命终结与哲学思考

（一）生命与死亡的哲学观

生命与死亡是生命哲学中备受关注的核心议题，对这两者的探讨直接影响着我们对存在意义的理解。生命被视为独特而宝贵的存在，承载着丰富的经历、情感与意义。它的奇迹性在于其有限性和不可再生的特质，这使生命具有非凡的价值。在哲学的视角下，生命的意义常常被强调为需要珍惜、体验与探索的过程。每一刻的生命体验都值得用心感受，每一次的自我成长都为生命赋予了不同的层次和深度。

与此相对，死亡的哲学观念涉及对生命终结的理解以及对未知的深刻思考。某些哲学家认为，死亡是生命的自然延续，是个体回归宇宙或融入更广阔存在的过程。在这一观点下，死亡并非简单的终结，而是生命旅程中的另一种转化，是无可避免的一环。死亡作为生命的一部分，推动人们反思存在的终极意义，促使我们在生死之间找寻平衡与理解。另一方面，也有哲学家强调死亡是生命的断裂与结束，代表着个体存在的彻底终结。他们认为死亡的不可知性和无法逆转的性质使其成为人类最深沉的恐惧之一。对死亡的焦虑不仅来自其未知的性质，更源于它对生命意义的挑战。死亡带来的是一种无法抗拒的断裂，个体对死亡的恐惧和对未来的焦虑在很大程度上塑造了人们对生命的态度和行为。

生命与死亡的思考是人类对存在矛盾的具体体现。生命的意义在有限的时间中得以体现，而死亡的不可避免性又引发了对存在终结的思考。探究生命的意义与死亡的可能性有助于我们理解个体如何应对存在的困境，也使我们认识到死亡与生命之间深刻的相互关系。这种思考将影响个体的行为、价值观和社会观，进而加深人类对生死之间的存在哲学问题的理解。

（二）死亡的意义与生命的完整性

死亡不仅被视为生命的终结，更是存在方式转变的一部分。哲学上有种观点认为，死亡赋予生命以独特的意义，使生命在其有限性中更加宝贵。个体在面临死亡时可能会反思和寻求生命的深层意义，探索存在的价值和生命的完整性。

生命的完整性是指生命各个阶段的相互联系和贡献，即便死亡是生命的终结，它依然是生命整体经验的一部分。死亡并非生命完整性的断裂，而是整个生命演变的自然一环。死亡作为生命历程的终极体现，它是生命的总结与升华。生命的每一阶段都在为整体意义的构建做出贡献，而死亡则为这一过程画上最后的句号。这一视角引导我们思考生命各个阶段之间如何紧密相连，如何通过不断的转变和演化，最终构成一个连贯、有深度的整体。死亡是对过去经历的总结，也是整个生命过程的终极体现。理解死亡的意义帮助我们清楚地看到生命的每个瞬间如何共同塑造个体的完整性。

三、时间、存在与生命故事

时间、存在与生命故事在生命哲学中形成了错综复杂的关系。时间不仅是生命的维度，它同时也是存在的本质。过去是生命故事的起源，承载着个体经验的积淀，将生命的片段拼接成独特且充实的故事，为我们的存在赋予深层的意义。现在则是生命故事的实时叙述，它是生命正在发生的时刻。个体的当下体验，无论是喜悦或是痛苦，都是生命存在的真实表达。随着时间的流逝，每一瞬间都变得独一无二，永不重现，成为生命的独特印记。未来是生命故事的延续，是对生命的期许和梦想，是个体对未来的期望与渴望。通过对未来的展望，我们赋予生命希望、方向与可能性。时间、存在与生命故事交织在一起，相互作用，构成连贯且丰富的生命维度，影响着我们对生命流转的理解及对存在的深层领悟，增进我们对生命的流动与变迁的理解。同时，也帮助我们深入探讨时间如何塑造我们的生命故事，并赋予我们的存在更深刻的意义。

四、生命中的自由意志与决策

自由意志指的是个体在面对各种选择和情境时，所拥有的自主意识和能力，使其能够自由地做出决策。在生命哲学的视野下，自由意志被视为个体存在的重要特征，是个体生命意义的核心要素，也是塑造生命方向和体验的关键力量。通过自由意志，个体参与到生活的主动塑造中，对未来进行主观构想与设计。决策作为自由意志的具象化表现，反映个体在复杂的伦理和现实情境中所做出的选择过程。生命中的每一刻都伴随着决策的需求，无论是微小的日常选择，还是影响深远的人生抉择。这些决策的形成既受到个体内在信仰、价值观和经验的深刻影响，也受到外部社会、文化与环境的多重制约。生命哲学通过深入研究自由意志与决策，探索人类在面对自身存在时的掌控力，以及在未知和不确定性中如何做出选择。

自由意志与决策的哲学思考还引发关于责任和命运的深层次问题。个体通过自由意志所做出的决策，是否必须承担相应的责任？又是否一切选择最终都受到某种命运或宿命的支配？这种探讨直接关联到我们对个体角色的理解，以及对生命进程的把握。生命哲学通过这种思辨，挑战自由与命运的界限，促进我们对于责任、道德和人生意义的思索。因此，自由意志与决策在生命哲学中，既涉及理论层面的探讨，也直接影响我们现实生活中的行为选择。这种思考有助于我们深入理解个体在生命中的主动性与塑造力，同时也启示我们思考自由、责任与命运之间的关系。

叙事遗嘱中的决策哲学体现在对生命历程的回顾、当下体验以及未来展望之中。通过回顾过去，个体在叙事遗嘱中深入审视自己生命中的重要经历和关键决策。这种反思涵盖了个体在各个生命阶段所做出的选择及所产生的影响。在当下的体验中，决策哲学通过叙述个体在生命终末期的期望、价值观以及对生命的态度，呈现个体在面对生死抉择时所持的哲学思考。这一思考使个体能够审视自身生命的终结，并在生死之际保持对意义和价值的寻求。同时，对未来的展望是个体对生命延续的期许及对终末时刻的预见。这并非空洞的预设，而是带着个体在面对死亡时的深刻愿景和对生命意义的最终追求。

五、生命价值观的建构

生命价值观的建构是深刻且高度个性化的过程，叙事遗嘱在这个过程中发挥着积极的作用。作为生命哲学的载体，叙事遗嘱通过独特的叙述方式，为个体提供建构生命意义的连结。叙事遗嘱通过回顾过去和现在的经历，以及对未来的预期，呈现自己的生命价值观。对过去经历和决策的反思，可梳理出那些塑造其价值观的关键时刻与经历。对当下体验，表达个体在当前时刻所持有的核心价值观和对生命的独特看法。对未来的期望，表达生命价值观建构和发展的方向和趋势。因此，叙事遗嘱在生命的价值观建构中起到独特的作用。

生命哲学是对生命意义的思考。通过生命哲学的反思，个体得以思索存在的意义、道德及与宇宙的关系等深层次问题。叙事遗嘱不仅是生命故事的叙述，更是个体信仰的文字诠释。通过叙事遗嘱，个体的生命价值观和信仰体系可以得到沉淀与升华，促使个人的生命故事和生命体验更为完整。

六、存在主义观点与死亡

存在主义认为，个体的存在先于本质，强调每个人都必须在自由选择中创造并定义自己的生命意义。在面对死亡这一不可避免的命运时，存在主义认为，个体应当通过自身的行为和决策找到生命的意义，因为死亡是生命的一部分，并且为生命赋予了深层次的价值。存在主义者主张，个体应当通过真实而充实的生活直面死亡，从而为生命赋予真正的意义。对存在主义而言，死亡并非终结，而是存在状态的转变。个体的选择和行为在死亡面前显得尤为重要，因为正是这些选择构成了生命的真实内涵。面对死亡，个体被鼓励通过自由意志和积极行动，找到属于自己的生命意义。

叙事遗嘱可以融入存在主义的核心思想，是个体生命观与哲学思考的重要方式。在叙事遗嘱中，存在主义的理念体现在对个体自由意志的强调和生命意义的主动构建上。个体通过自己的生命历程呈现对存在的深刻理解，并突出每个人在自由选择和决策中赋予自己生命独特价值的过程。这一过程体现了存在主义的核心思想——个体通过自由的行动和选择来创造与定义生命的意义。叙事遗嘱展示个体在面对死亡时，如何通过真实生活体验，寻找到生命的真正意义。

七、生命意义与个体贡献

个体的存在是对生命意义的追问，也是对生命的贡献。生命的意义在于个体如何理解、体验，并通过自己的独特方式赋予生命价值。每个人的生命历程、情感经历和思考都为丰富生命作出独特的贡献。个体的生命故事中，将所经历的喜悦、挑战、成长和体验融入其中，为整个人类共同体贡献宝贵的人生经验。生命的意义在于个体对存在的独特理解，而个体的贡献则在于将这种理解通过言语、行为或影响传递给他人，进而构建起丰富多彩的人类社会。生命的真正意义，正是在于个体如何在有限的时间内，以积极、有意义的方式参与并贡献于世界，创造出属于自己的独特价值。而叙事遗嘱作为独特的生命表达形式，是个体对存在的生动诠释。生命的意义在叙事遗嘱中具象化，借助文字得以永久定格和传承。

个体对社会的贡献是重要的哲学命题。通过叙事遗嘱，个体得以深入思考自己在社会中的角色、责任与影响。这种思考不仅限于个体在社会结构中的地位，也包括个体与他人之间的关系、社会互动及其广泛的社会联系。对社会责任的理解使个体意识到自己的存在并非孤立，而是深深嵌入社会的网络之中，有助于个体在生命的意义中找到归属感与目标感，从而促进丰富和有意义的生命构建。

八、死亡审视与接纳

死亡是叙事遗嘱中不可回避的主题。个体对死亡的态度及对生命终结的理解是对生命周期的完整性的反思。个体可在叙事中表达对死亡的认知，从不同的角度探讨死亡是生命的终结，还是新的开始。与此同时，个体也能在叙述中表达对自己生命的深刻接纳，将死亡视作生命过程中不可分割的一部分，成为整体生命故事的有机组成。这一审视与接纳死亡的过程，有助于理解生命的本质，赋予个体超越生死的宏观视野，从而影响其生命的整体价值观。死亡在叙事遗嘱中被赋予深刻的意义，是生命审视和整体性思考的关键元素。

从哲学的视角出发，死亡的审视涉及对生命意义和存在本质的深刻思考。死亡被看作是人生旅程的一部分，引发关于存在、生命意义及死后状态的根本性问题。一些哲学流派认为死亡是生命的终结，而另一些则认为死亡是生命能量继续存在的开始。哲学中的死亡审视超越了对死亡的表面恐惧，将其视为生命的一部分，探讨死亡是否是彻底的终结，是否存在来世等深刻问题。此种审视是对个体生死问题的思索，也是对整个生命存在的哲学追问，使个体能够在对死亡的理解中，发现生命的更深层次意义。

叙事遗嘱的理念与存在既是对死亡的接纳，也是与哲学对话的媒介。通过叙述个体的生命历程、经历与思考，叙事遗嘱成为承载死亡审视的生命文献。在叙事遗嘱中，个体有机会表达自己对死亡的理解和对生命终末期的态度，深刻探讨生命的本质和终结的可能性。自我表达是对死亡的接纳，也为哲学对话提供丰富的素材。个体通过叙事遗嘱与哲学原理进行对话，是对死亡的积极回应，是个体与哲学思考相融合的具体表达，是将死亡的审视提升为对生命意义更深层次的探究。

生命哲学探讨存在、时间、价值观、死亡等核心主题，是叙事遗嘱探索生命意义和反思的理念基础，也是叙事遗嘱赋予个体生命故事深刻哲学内涵的关键所在。哲学思考会使叙事遗嘱成为个体探索生命深层次意义的文学作品。生命哲学的基本方面，如存在的独特性、时间与生命的关系、价值观和道德选择，引导个体在叙事中深刻地剖析自我、生命的价值以及与他人和社会的关系。生命哲学启示我们在审视生命的同时，以宏观、哲学性的视角表达对生命的理解，为人类对生命意义的探寻留下丰富的素材。

第十三章　积极死亡学视角下的叙事遗嘱

积极死亡学鼓励以积极、理性的态度面对生命的终结，叙事遗嘱在积极死亡学中成为生命传承和情感联结的重要载体，记录个体生活经历、对死亡的反思以及生命意义的诠释，促进生命意义的传承。它帮助个体重构生命意义，找到内在价值，促进社会对生命质量和死亡话题的开放讨论，推动优雅逝去的社会环境形成。未来，叙事遗嘱需要在文化适应性、个体自主与社会责任的平衡、技术与伦理的挑战等方面进行深入探讨和实践。

一、积极死亡学的内涵

“生”与“死”是生命客观存在的起始和终结，具有客观存在的必然性和偶然性，是哲学上历久弥新的命题。生存论的死亡概念蕴含了两种可能性，一种是逃避死亡，另一种是直面死亡。海德格尔将死亡提升到生存意义的高度，认为死亡为生存提供了价值参照。然而，我国传统文化习俗对死亡话题的回避与敬畏，使得对生的关注远胜于对死的追问。随着生命关怀理念的深入发展，对死亡问题的研究强调从对死亡的理解中觉悟人生，使有限的生命获得无限的价值。思考死亡的目的就是解决人对自身生存意义的终极关怀问题。生命的传承不仅仅是生物性延续，而是通过精神、价值观、社会影响等多方面来实现的。叙事遗嘱作为积极死亡学视域下的一种特殊形式的文化遗产和生命记录，成为表达和传递生命价值观的重要工具，其理念及倡导是对积极老龄化战略的积极回应。叙事遗嘱是积极的死亡准备和应对方式，是生命哲学理念倡导下的内涵衍生和拓展，承载了对生命本质的独特理解，彰显个体对自身生命价值的深刻认知和表达，促进社会对价值观多元性的尊重。

（一）死亡哲学

死亡哲学最早起源于西方，其中海德格尔提出的“向死而生”的积极死亡观受到广泛关注，在一定程度上引导着后世人在对待死亡方面变得更加坦然。

按照海德格尔的阐述，死亡是个人作为“此在”的最本质的存在可能性，构成了个人生命中最内在、最深层的精神力量。在海德格尔的非二元论观点中，死亡必然地在生命中发挥积极作用，死亡绝不仅仅是对生命的否定，而是一个规避不谈的外部终点，是一种结构力量，它在本体论上塑造生命，并影响我们对生命的理解。死亡哲学之所以具有人生观或价值观的意义，不仅在于只有具有死亡意识的人才有可能合理有效地筹划人生，更重要的是死亡问题与人生意义或价值紧密相关。

（二）积极死亡学的起源和发展

积极死亡学源于1912年美国死亡学（Thanatology）的兴起，美国是研究死亡学最早的国家之一，在死亡教育（Death Education）和临终关怀（Palliative Care）等领域逐步形成并发展其理论基础，受到心理学、伦理学和哲学的交叉影响。特别是在欧美社会，死亡教育指导人们积极认识和对待死亡，旨在向人们传递死亡相关的知识，树立科学的生死观，提升对死亡事件的应对能力。积极死亡学通过强调正视死亡的必然性，反思生命的意义，将死亡视为自我完成的最后阶段，赋予死亡以新的意义——完成生命完整性的建构和精神生命的超越。

（三）积极死亡学的哲学基础

积极死亡学的哲学基础深受存在主义（Existentialism）思想的影响，尤其是海德格尔和萨特的思想。存在主义的生命哲学精髓可概括为“存在的超越性和选择的价值性、死亡的自由性和生命的创造性”。海德格尔在《存在与时间》中从生存论的角度阐释死亡的概念，提出死亡中所蕴含的结束是向终结而存在，人和所有的具体存在方式被称为“此在”，死亡是“此在”这个结构中“整体的存在”，通过死亡，“此在”的结构才完整。本真的存在要求人们“向死而在”，这也是海德格尔死亡哲学的核心所在。积极死亡学借鉴了这一思想，鼓励个体通过正视死亡来找回对生命的掌控感和深刻意义。通过意识到生命的有限性，个体可以更加专注于有价值的活动，从而实现生命的自我超越和传承。

萨特的存在主义哲学思想强调“存在先于本质，存在就是主观性”，即人不需要外物来定义就得以存在，但人只有存在，才能掌握、决定自身属性。萨特认为死亡是终极的个人事件，通过承认死亡，个体获得了选择自己存在方式的自由。积极死亡学与这一观点相呼应，提倡个体在临终时通过自主选择和叙事遗嘱等方式来控制和表达对生命意义的理解。

人本主义心理学，尤其是马斯洛和罗杰斯的思想，对积极死亡学也有影响。马斯洛的需求层次理论中，自我实现处于需求的最高层次。积极死亡学借鉴了这一点，认为个体可以在临终前通过自我反思、叙述生命故事以及与他人的互动，实现精神上的自我提升和人生的完整。人本主义强调每个人的独特性和尊严，积极死亡学则通过支持个人在生命终末期的自主决定来体现这一价值。叙事遗嘱就是一个典型的例子，它让人们可以主动选择怎样面对自己的生命旅程，如何看待死亡，如何总结自己的生命并传承意义。人本主义的理念与积极死亡学的目标一致，即通过尊重个体的意愿和选择来赋予生命最终的尊严。

二、积极死亡学视角下实施叙事遗嘱

2016 年，第一届中国当代死亡问题研讨会在清华大学人文学院召开。会议以“死亡”为主题，围绕生死学、死亡哲学、生死教育等相关议题展开专题研讨。自此，学术界对“死亡”问题的研究开始呈现出多学科、多范畴、多角度的趋势。

在海德格尔死亡哲学的对照下，积极死亡学在叙事遗嘱中的新内涵是用积极向上的力量面对死亡，从对“死亡”的探讨中延伸自己的思考维度，将关于死亡的哲学思考视为寻找真我存在的契机。叙事遗嘱在积极死亡学视域下促进理性地建构自我的生死世界，作为个体对死亡的反思性工具，具有深刻的哲学意义。在积极死亡理念的倡导下，叙事遗嘱帮助个体在面临死亡时对自身存在进行反思和总结，实现对死亡的积极应对。尽管叙事遗嘱在积极死亡学领域具有重要意义，但目前在社会上的认知度和接受度仍有待提高。因此，需要加强对叙事遗嘱的宣传和教育，鼓励人们关注生命质量、积极面对死亡，并尝试撰写自己的叙事遗嘱。

（一）叙事遗嘱与死亡准备

无论是通过接受生死教育、文学艺术的引导，还是重塑自身的身份认同，都是在学习如何缓解和释放对死亡的焦虑和恐惧。借鉴国外成熟模式，构建本土化的死亡教育模式是当前的研究热点。通过撰写叙事遗嘱，个体可以提前规划自己的终末期事务，明确个人意愿与价值观等，使其个体意愿与价值观在其生命结束后得到尊重与体现。叙事遗嘱不仅仅是个人生命故事的叙述，它还帮助个体在死亡到来之前以有意义的方式表达关爱与感激，在一定程度上缓解了家庭成员和医护人员的决策压力，减少了潜在的冲突，使得个体的离世过程更加平和、尊严与有序。

（二）叙事遗嘱与死亡认知

黑格尔创造性地提出了“死亡二重奏”：其一，死亡既是“自然”的，即死亡由自然规律所必然导致，又是“自为”的，因为人可以为了伦理实体而死，进而充分实现生命的伦理本性；其二，死亡既是“无尊严”的，即死者只能屈服于外界力量的侵蚀与毁灭，又是“有尊严”的，因为家庭成员可以通过丧礼维护死者作为“人”的最后尊严。叙事遗嘱通过讲述个人的生命故事与对死亡的看法，有助于个体以更加开放和理性的态度接受生命的终结，帮助个体重新审视死亡的本质。正如黑格尔所提出的“死亡二重奏”，叙事遗嘱让个体在面对死亡时可以通过自己的生命故事表达尊严与价值，从而超越死亡的生物性毁灭。

（三）叙事遗嘱与死亡教育

积极死亡观强调通过教育提升个体对死亡的认知，而叙事遗嘱作为最有力的实践工具，为死亡教育提供了切实有效的途径。通过撰写叙事遗嘱，帮助个体反思死亡的意义，并从中找到平衡时间、赋予生命意义的策略。这种基于叙事的死亡准备过程能够帮助个体将对死亡的恐惧转化为生命意义的动力。同时，叙事遗嘱的撰写过程还推动了社会对死亡话题的开放讨论，促进了正向的死亡教育和生命教育的发展。

三、叙事遗嘱与生命传承

（一）叙事遗嘱是生命传承的载体

生命传承不仅体现在物理存在中，还通过思想、文化和价值观对他人和社会产生长远的影响。叙事遗嘱正是这种精神和文化传承的重要工具。海德格尔认为，个体在通向死亡的过程中可以获得自由，这种自由不是选择死亡方式或死亡时间的自由，更不是免于死亡的自由，而是生存的更多可能性。无限的可能性贯通了生与死，去存在即是向死，向死也是去存在。“向死而在”也是向无限可能性而在，揭示了死亡与生命不可磨灭的内在联系。

在生物学上，生命传承通常被视为通过后代延续个体的基因，但生命传承的真正意义远远超越了这种物理性的延续。虽然基因延续是生命的自然组成部分，但更重要的传承还包括精神和文化的内容，这正是叙事遗嘱关注的焦点。叙事遗嘱通过记录个体的生活经历、对重大事件的反思和对人生意义的理解，将其核心价值观传递给后代。通过这一过程，个体的思想和信仰得以延续，影响家庭成员乃至整个社区的价值体系。作为一个时代的文化标记，叙事遗嘱反映出个体所处社会的价值观、道德观和历史背景。通过个体的叙述，家庭文化和社会传统得以延续，个体不仅传承了自身的生活经历，也帮助维系了整个文化共同体的记忆与价值观。

（二）叙事遗嘱重构生命意义

存在主义和东方哲学为我们提供了两个不同但互补的视角来理解生命在死亡后的延续。存在主义哲学，特别是萨特和海德格尔的思想，强调个体通过面对死亡来找到生命的真正意义。死亡和有限性是存在的结构组成部分，打破了生与死相互排斥的观点。在存在主义看来，死亡是个体生命最真实的体现，通过意识到生命的有限性，个体可以更加积极地赋予生活以意义。

东方哲学，特别是佛教和道教中的生死观，强调生命的循环性和无常性。在佛教中，死亡被视为生命轮回的一部分，个体通过不断的轮回经历生死，而生命的意义在这一过程中得以深化。无常观强调世界的一切事物都在不断变化，死亡是不可避免的自然法则。道教也强调自然与生命的和谐统一，死亡并不是生命的终结，而是生命旅程的一个自然阶段。

从哲学的角度来看，死亡的恐惧往往来自个体对意义的失落。通过叙事遗嘱，个体能够在死亡前重新构建生命意义，找到生命的内在价值，从而减少对死亡的不安与焦虑。积极死亡学鼓励人们通过正视死亡找到生命的积极意义，叙事遗嘱则成为这一过程的具体实践工具。

通过叙事遗嘱的方式，个体能够超越死亡，继续影响后代和社会。无论是在存在主义中通过面对死亡找到生命意义，还是在东方哲学中通过无常观延续精神财富，叙事遗嘱都发挥了至关重要的作用，使个体的生命价值和精神得以在死亡后继续发光发热。

四、叙事遗嘱面临的挑战

随着社会对死亡和生命意义的重视不断加深，叙事遗嘱作为一种帮助个体总结生命、传递价值观和应对死亡的工具，预计将在未来继续获得广泛关注。然而，叙事遗嘱在哲学、文化和实践层面也面临着诸多挑战，这些挑战需要通过多学科的讨论和反思来解决。

（一）文化差异与普适性的挑战

不同文化背景下，人们对死亡的态度、生命价值的理解存在很大差异。叙事遗嘱的应用和发展需要在这种文化多样性中找到平衡。在西方文化中，个体主义占主导地位，个人的生命故事、价值观和自由选择被高度尊重。叙事遗嘱在这一背景下有助于个体在死亡前通过自我表达实现生命意义的总结与传承。与西方不同，东方文化，特别是儒家思想，强调家庭、群体的和谐与共存。在这样的背景下，叙事遗嘱不仅仅关注个体，还需要考虑家庭、社会的需求与和谐关系。如何在这些文化背景中平衡个体自由与集体需求，是叙事遗嘱在全球推广中的重要挑战。在未来，叙事遗嘱需要在尊重文化差异的前提下，寻求跨文化的通用性。在不同的文化背景下，叙事遗嘱的内容、形式、价值观表达等都需要灵活调整，以适应当地的文化特点。

（二）个体自主与社会责任的平衡

叙事遗嘱作为个体生命总结的工具，其哲学基础之一是个体的自由选择。然而，个体的死亡不仅仅是个人的事情，它对家庭、社会都有深远影响。因此，如何在尊重个体自主权的同时，兼顾社会责任和家庭关系，是未来叙事遗嘱发展的另一大挑战。个体在撰写叙事遗嘱时，可能会表达与家庭期望不一致的内容。例如，某些决策可能会给家属带来心理负担或情感冲突。在这种情况下，如何平衡个体意愿与家庭责任，使得叙事遗嘱既尊重个体自主权，又能够促进家庭成员之间的理解与和解，是叙事遗嘱实践中的关键问题。叙事遗嘱的内容不仅影响家庭，还可能影响社会。个体的价值观、信仰和生活智慧通过叙事遗嘱传递给后人和社会时，如何确保这些价值能够被接受并产生积极影响，也是未来的挑战之一。尤其是在多元文化社会中，个体遗嘱中的价值观与主流社会的价值可能存在差异，如何处理这种价值冲突应是讨论的一个重要议题。

（三）技术与伦理的双重挑战

随着现代信息技术的发展，叙事遗嘱可能会越来越多地通过数字化手段保存和传递。这为叙事遗嘱的传播与保存带来了新的机遇，但也提出了伦理和隐私保护的挑战。随着叙事遗嘱的数字化，如何确保遗嘱内容的隐私性和安全性成为重要议题。数字平台在存储个人生命故事和隐私信息时，需要确保这些信息不会被滥用或泄露。此外，数字化叙事遗嘱的长期保存问题也是需要关注的。技术的进步可能改变人们对叙事遗嘱的看法。通过人工智能生成或编辑的叙事遗嘱是否仍然能够体现个人真实的生命故事和精神价值？技术的便利性是否会使叙事遗嘱的内涵变得形式化、仪式化，从而丧失其原本的深度和意义？这些都是需要深入探讨的伦理挑战。

随着社会文明的发展和公众对生命品质追求的提升，叙事遗嘱在积极死亡学的框架下具有深远的哲学和实践价值，在促进个体心理建设、加强家庭情感联系、传承家族价值观及推动社会对死亡话题的正向认知方面发挥积极的作用。在未来，随着对叙事遗嘱的研究和推广不断深入，叙事遗嘱还将在医疗、法律等领域发挥更大的作用，成为生命传承和情感联结的重要载体。通过普及叙事遗嘱，更多人将能够正视生命的终点，以尊严和意义完成生命的最后阶段，这对于形成优逝大环境具有重要意义。

然而，不同文化背景下的人们对生命意义和价值观的理解存在差异，叙事遗嘱的应用需要更加个性化和文化适应性的发展。期待未来更多的人能够通过撰写叙事遗嘱，传达自己的生命故事和核心价值观，推动全社会对生命质量、死亡话题的开放讨论和理念的革新，为临终照护实践的优化路径提供理念参考。

第十四章　老年生命末期患者实施叙事遗嘱的内涵及发展趋势探究

随着老龄化社会的到来、医学的进步和发展以及对高质量照护服务需求的增加，越来越多的老年生命末期患者面临寻求生命意义和价值的困境。老年人丰富的人生阅历促使他们对自我人生进行总结思考，他们不仅需要身体上的关怀，更渴望心灵上的慰藉和价值观的传承，而传承的最好保护形式之一即是遗嘱。叙事医学实现了医学与人文的高度融合，它强调患者故事的重要性，充分考虑患者意愿，以便提供更加个性化、人性化的医疗服务。在此背景下，叙事遗嘱应运而生，作为一种新兴的生命记录形式，它以口头或书面形式传递患者个人故事，为其提供了一个表达生命关怀需求、总结反思生命价值意义的平台。叙事遗嘱不仅可以辅助老年患者在生命末期找到人生意义、做出最佳医疗决策、传递生命价值观，更是一种特殊的文化遗产和生命记录，对老年人的自我实现和社会认同具有不可替代的作用，同时，他们留下的故事也可以促进家人间的情感连接并疗愈哀伤。因此，叙事遗嘱是老年生命末期患者对反思生命意义、面临生命抉择和实现人生遗愿的积极回应，在叙事医学发展中占有举足轻重的地位。

一、生命价值导向下叙事遗嘱内涵发展

叙事遗嘱是在叙事疗法（Narrative Therapy）及叙事医学（Narrative Medicine）的理论基础上，融合遗嘱的传承特点发展而来。叙事是指通过讲故事的方式，表达个体意愿，展现个人独特的生活轨迹、人生阅历和生命故事，而遗嘱则是能充分传达、保存、实施并传承符合患者个人意愿的方式。叙事概念最早出现于文学作品中，叙事疗法的概念则出现于20世纪80年代并逐步得到发展。叙事疗法作为一种辅助治疗手段，基于“人的生活是由不同的结果组成的”理念进行治疗，最初只是家庭治疗的一个分支。翁开诚学者将“Narrative”译为“故事”，叙事就是讲述故事，通过故事的讲述和解释能够

发现和理解生命的美好和可贵，通过故事重构创造出自身所期望的美好。早在20世纪90年代，文学作品中就有通过讲故事的形式保存、传达遗嘱，这是叙事遗嘱的最早起源。1996年问鼎布克奖与布莱克纪念奖的长篇小说《遗言》（*Last Orders*）就是典型代表之一，男主人公的叙事性遗言是该小说的中心，临死前他的遗言、精神力量唤醒了他身边每个人重新审视生命、友谊、爱情和亲情的潜能。这段遗言看似写死，实则写生，正是这段心灵之旅让他的家人、朋友了解了他的期望、价值观，让生者实现了相互的和解。2012年Rika Charon等学者在对癌症患者的叙述性访谈中提及了“临终遗书”的话题，这与叙事遗嘱类似，也是一种回忆录与生前遗嘱的结合。研究中一位患者用叙事性语言将自己的一生经历、经验及与孩子的欢乐时光记录下来，作为一笔宝贵的精神财富留给后人作为纪念。至此，叙事遗嘱在科学性研究中初崭头角，并逐渐得到越来越多的关注。

2001年，Rita Charon教授提出了叙事医学的学术概念，并于10年后被正式引进中国。Marini将叙事医学比喻为连接循证医学和临床科学与人文/社会科学的桥梁，是医学与人文的高度融合，它改变了传统医疗保健，并强调这是患者优质护理的基础，在护理学发展中具有重大潜力。2021年，姜安丽、吴慧琴等学者指出老年终末期患者及其家庭被众多的社会-心理问题所困扰，普通的干预方法无法起效。叙事作为人类的一种基本思维和记忆储存方式，具有普遍性且易于被患者及其家庭接受，通过结构思想促进根源问题理解、建构理念，帮助重塑临终困扰叙事，被国外广泛用于临终患者。我国在构建本土化叙事医学实践方面做出了巨大努力，结合中国本土特色，北京协和医院宁晓红、李飞教授等于2022年提出了“叙事缓和医疗”概念，即以叙事的理念和工具进行缓和医疗实践，帮助患者在生命末期做出最佳医疗决策并传递生命价值观，而这正是叙事遗嘱的内涵所在。近年来，随着叙事概念、叙事疗法、叙事医学的广泛传播应用以及全生命周期健康照护服务理念的深入，患者生命末期对个体医疗决策的期望，以及自我生命、价值观的表达也越发受到重视。因此，近期程丽楠等学者通过Rodgers演化概念分析法明确了叙事遗嘱的概念，并将其运用到了临床实践中。她提到叙事遗嘱（Narrative Will）是对生命关怀需求的真切表达和生命价值意义的深刻反思，是表达和传递生命价值观的重要工具，也是一种特殊形式的文化遗产和生命记录。故此将叙事遗嘱定义为是基于生命价值观导向，以尊重个体意愿和需求为前提，通过叙事形式呈现个体独特的生命故事，传达其对经历事件的整体体验、意义解读及生命理解，并以符合个体期望的形式保存和传承，以超越空间和时间的人际互动方式促进人类对生命意义的寻求、反思和成长。至此，叙事遗嘱有了明确的概念雏形。

二、老年生命末期患者实施叙事遗嘱的必要性

（一）叙事遗嘱肯定个性表达、传承精神财富

老年生命末期患者丰富的人生阅历和经历使其对人生有着深刻的思考，他们渴望与他人分享自己的故事，将自己的生命体验、价值观和生命意愿等传达给亲人和医护人员，这种心理需求可以通过叙事遗嘱的运用得到满足。叙事遗嘱允许个人超越传统遗嘱的物质资产分配功能，通过讲述自己的故事和生活经历，表达个人的情感、价值观和生活哲学。这种表达不仅为继承人提供道德和精神上的指导，而且通过明确个人的葬礼和纪念活动等意愿，帮助家人以尊重和实现这些愿望的方式来缅怀和纪念。生命末期患者书面性的叙事作品分享了他们丰富的人生阅历和深刻的生命体验，不仅满足了他们内心深处的表达渴望，而且还可以留档保存，为后代留下宝贵的纪念性遗产和精神财富。叙事遗嘱不仅仅是作为一种治疗干预手段去实现个人短暂的生命满足感，其更能通过实现此生和彼生的联结，提高个人生命末期精神需求的满足感。

（二）叙事遗嘱实现内心平和、促进情感联结

老人在生命末期更喜欢以叙事方式表达个人情感，常见的表现形式是口头或书写日记、个人传记、出版书籍等，特别是在面对人生重大应激状态或者生命受到威胁时，更激发老人对生命的表达欲。人际沟通和身体接触可以缓解患者在生命末期的孤独感，因此回顾疗法、缅怀疗法常被广泛应用于生命末期患者。回顾自己的人生经历，可以给患者带来心理慰藉，帮助个人反思生活中的起伏，和解未了的情感，增强生命的认同和满足感，实现内心的平和。然而，单纯的回顾、缅怀只是患者自身进行的一种梳理、回顾，且不能长期保留并被家人分享传阅，因此叙事遗嘱作为个体生命价值意义的载体具有不可代替性。一些生命末期患者不仅遭受着孤独、抑郁情绪等带来的痛苦，还要忍受临终遗产分配带来的系列矛盾，而叙事遗嘱通过清楚呈现患者意愿，并向家庭成员传递智慧与情感，可以解决这一问题。因此，叙事遗嘱不仅能帮患者在生命回顾中实现内心平和，而且能促进家庭成员之间的情感联系和精神遗产的传承。

（三）叙事遗嘱肯定人生价值、促进社会文化传承

一些叙事遗嘱肯定个体的人生价值，并在促进社会文化传承方面发挥着重

要作用。生命末期患者存在人生价值迷惘的现象，他们有些因为自己一生过于平凡而觉得自己过往的生命毫无意义，有些因为自己过往的行为被人误解而一直饱受折磨。叙事遗嘱的作用在此刻能得以很好地体现，它通过记录和分享个人的故事与经验，医护人员通过解构、重塑这些故事，可以帮助患者更好地理解自己的生命，肯定自己的人生价值。叙事遗嘱不仅能增强家族和社会对共同历史的记忆，还可激发年轻一代对传统文化的兴趣和尊重，从而促进文化的连续性和活力。叙事遗嘱让老年人的生命故事得以保存，他们的生活智慧和价值观得以传递给后代，这样的传承是对个人生命经历的肯定，也是对社会文化价值的尊重和维护。通过这种方式，叙事遗嘱将过去与未来、个人与社会连接起来，确保老年人在离世后其生命价值仍能产生持久的影响。

（四）叙事遗嘱辅助医疗决策、疗愈家人哀伤

叙事遗嘱在辅助医疗决策和疗愈家人哀伤方面发挥着重要作用。它使老年生命末期患者能够在生命终结前明确表达自己的需求和期望，为医护人员提供宝贵的参考，确保患者的医疗决策得到尊重和妥善执行。此外，叙事遗嘱为老年生命末期患者及其家人提供一种沟通与告别的方式，在家人参与下的书写、告别中，患者可向家人更好地道歉、道谢、道爱和道别，允许患者表达未尽之情，为家人提前进行心理建设，带来心安与安宁。在患者离世后，叙事遗嘱成为家人悼念和哀伤疗愈的重要工具，其不仅记录患者的最后愿望和生活故事，也为家人提供心理上的慰藉和安慰。指导生命末期患者通过书写信件进行叙事性表达，家人可以深入理解患者的内心世界，感受到患者对家庭的爱和关怀，很大程度上缓解他们的悲痛和失落感。因此，叙事遗嘱不仅是医疗决策的辅助工具，也是家人情感疗愈的重要资源，助力生命末期患者在生命的最后阶段得到有力的支持。

三、叙事遗嘱的实施程序

（一）确定创建叙事遗嘱的意愿

叙事遗嘱的创建需要实施者有共同的价值观，对叙事遗嘱的内涵及如何叙事有充分的了解，并就叙事遗嘱的作用及重要性达成共识。因此，对叙事遗嘱的内涵、意义进行一定的宣教是基础，而医疗团队的技术支持及患者家属的情感支持是关键。医院可以提供关于叙事遗嘱的教育和培训材料或叙事遗嘱指南，确保患者及其家属充分了解叙事遗嘱内涵、其对医学决策和生命照护的重

要性。此外，还可以通过宣传和教育活动向患者提供关于叙事遗嘱的信息和教育。实施前应对相关人员进行叙事遗嘱相关知识和技巧的培训，促进其对叙事遗嘱知识的理解与掌握。具有资格的医护人员需与生命末期老年人做初步沟通，解释叙事遗嘱的目的、意义，以及如何创建和个人意愿性。取得知情同意后与患者及其家属做深入的了解和沟通，建立一种真挚的情感联系和信任。叙事遗嘱的实施强调以患者为中心，遵循“以人为本、尊重生命”的基本原则，需要完全尊重患者的需求和意愿。故应全面了解其性格特征、价值偏好、健康及疾病观等，主动关心其身心状况，在建立起信任与合作关系的基础上，提供相应的资源、工具并解疑，为制定个性化的干预策略奠定基础。

（二）家庭参与式的创建和记录

在叙事遗嘱的制定过程中，家人的参与是至关重要的。老年生命末期患者会经受社会、心理的双重困扰，这时不仅需要关注患者，更需要留心患者家人的各种细微行为，发现他们的潜在需求，并与其合作共同为患者进行一系列叙事人文护理。家庭讨论可以帮助患者与家人共同了解和探讨他们的意愿和偏好，以便家属更好地理解患者，并在需要时提供必要的支持和帮助，从而制定具体的叙事遗嘱。为了促进家庭讨论和决策，医院可以提供一些工具和资源，如小组讨论、家庭会议或社区活动等，这些活动可以帮助家庭成员沟通和分享彼此的想法，以达成共识和决策。实施叙事遗嘱的过程强调患者的主体性和个体价值观，同时也需关注患者与家庭之间的合作和相互支持。

（三）专业人员指导下制订叙事遗嘱

在患者表达了制订叙事遗嘱的意愿后，需要有专业的叙事遗嘱指导师或专业的医护人员为其提供支持和指导，此外还可以组织书写工作坊等活动。叙事遗嘱指导师/医护人员可以与患者进行个体或小组辅导，帮助他们理清思路，找到合适的方式来表达自己的意愿，帮助患者深入反思他们的生命，包括关键事件、重要人物、价值观和信仰。在书写工作坊中，患者可以与其他有相似需求的人进行交流和分享经验，从而得到更多的支持和启发。叙事遗嘱指导师/医护人员需要运用换位思考的方法，设身处地地站在患者的角度，尝试理解其内心的情感和体验。在整合信息的过程中，将患者提供的数据和情感进行综合分析，挖掘出患者内心的核心价值及意义诉求，以及对未来照护的期望。

（四）叙事遗嘱的表现形式

叙事治疗文件是指在叙事实践的过程中，在恰当时机，选择合适叙事载体记录的患者各种人生故事、生活感悟知识经验的文件总称。因此，叙事遗嘱也是叙事治疗文件的一种，可有传统信件、数字故事、故事写作、证书、手册及清单等多种形式。2012 年，Sato 等学者报道了临终患者通过信件的形式向家属进行了叙事遗嘱的书写。2019 年，Nirk 等人通过指导癌症生命末期患者向家属书写信件并将叙事应用于其中，缓解了家属的丧亲之痛。以上均为患者亲自编写叙事遗嘱，此外也可由家属、亲友、代理人或照护团队的成员协助，将传统叙事与视频、音频、相册、PPT 等多媒体技术相融合，最终创造出可视化叙事即数字化叙事，以确保内容完整、准确且更加生动。2021 年，吴慧琴等学者通过对临终患者及家属进行访问，得到他们的许可后，通过 Photoshop 软件为他们制作了一部人生纪念册，既满足了临终患者的表达需求，实现内心平和，也让他的精神财富在家族中流传，同时让家人能更好地知晓患者的意愿并增强了他们之间的情感连接，从而一定程度疗愈了哀伤。2022 年，北京协和医学院探讨叙事医学本土化实践，以“叙事缓和医疗”为发展方向，采取了融合电影、诗词、绘画等多形式的叙事路径，这也为叙事遗嘱的多元化发展形式提供了参考。

（五）叙事遗嘱文件存档和传递

选择存档叙事遗嘱的位置和向相关人员传达叙事遗嘱的内容都是关键步骤，以确保患者的意愿得到尊重和执行，使叙事遗嘱充分发挥作用。选择适当的存档位置，并确保相关人员理解和接受叙事遗嘱的内容，可以确保在需要时患者的决策得到适当的实施。患者可以将叙事遗嘱存放在所就诊的医疗机构中、律师所的保管库或家庭保险柜等。无论选择哪种存档位置，患者都需要确保相关人员知道在哪里可以找到叙事遗嘱，并提供必要的授权和访问权限。

（六）定期评估和更新

定期评估和更新叙事遗嘱是确保其有效性和适应性的关键步骤。通过跟踪患者的病情和需求变化，及时更新和调整叙事遗嘱，患者可以确保在需要时自己的意愿得到合理的尊重和执行。例如，Epston 在为患者进行叙事治疗时，在不同阶段与患者交谈后，都会根据患者需求写信给来访者，以确保能真实准确捕捉其意愿。为了确保叙事遗嘱的有效性和适应性，患者需要定期评估和更新叙事遗嘱。患者可以与医疗团队保持密切联系，定期进行健康评估和讨论，以了解自己的身体状况和医疗需求。鼓励患者在生命发生重大变化时，随时更新叙事遗嘱，以确保时刻反映患者的真实意愿，使其能够及时反映个人偏好、价值观和治疗需求的变化。总之，叙事遗嘱注重患者参与的个人意愿，使其感到自己的声音被充分听到。医护人员需要提供必要的心理支持，以帮助处理可能涉及的情感和生命观的复杂问题。若有潜在的家庭矛盾，需提供对家庭冲突解决的支持，以确保叙事遗嘱的制订是家庭共同协商的结果。

四、实施叙事遗嘱的注意事项

实施叙事遗嘱的过程需要有计划、有条理地进行，通过明确的步骤和方法，提供支持和指导，并解决可能出现的挑战，以有效地实现患者的意愿并保障他们的尊严和权益，因此需要注意以下事项。

（一）确定合适的人员

确定一个负责实施叙事遗嘱的团队或个人。这个人员可能是患者家人、医生、护士或其他相关专业人士。他们需要具备相关知识和经验，并能够充分理解患者的意愿。

（二）信息共享与宣传

确保所有涉及叙事遗嘱的人员都了解其重要性和实施的具体步骤。组织培训会议、工作坊或信息分享会，向相关人员提供所需的知识和技能。

（三）教育与培训

1. 理论培训：叙事遗嘱的内涵、理念、重要性、相关组织/法律保障、伦理考虑等。

2. 沟通技巧培训。

3. 患者心理健康培训。

4. 案例分析和模拟演练：角色扮演、情境体验等。

5. 团队合作和跨学科培训。

6. 文化敏感性培训。

7. 患者/家属参与培训：鼓励患者参与，家属支持，医护团队成员参与共同决策。

8. 监督与评估：定期反馈和评估，设立监督机制。

9. 更新和继续教育：定期培训，保持知识更新。

10. 实际应用和持续实践：全程反思、反馈和改进。

（四）制定明确的计划

制定详细的实施计划，包括时间表、责任分工和资源需求等。这有助于确保实施过程的有序进行，并提供一个清晰的框架供参与者参考。

（五）沟通和协调

建立良好的沟通渠道和协调机制，确保所有关键信息能够及时传达并得到理解。这包括与患者和家属的沟通，与医疗团队、法律专业人士和其他相关方的协调。

（六）提供支持和指导

为患者和家属提供必要的支持和指导，帮助他们理解和遵守叙事遗嘱的内容。这可能包括教育材料、信息手册、个别咨询等。

（七）监测和评估

实施过程中应进行监测和评估，以确保策略的有效性和持续性。建立相应的指标和评估方法，收集反馈意见并及时做出调整。

五、实施叙事遗嘱的挑战

（一）规范保障体系缺失可致叙事有效性降低

叙事遗嘱包含患者敏感的个人信息，确保其隐私安全是最主要的挑战。特别是数字叙事遗嘱的存储和共享可能面临信息泄露的风险，对患者的隐私构成潜在威胁。因此，需要推动安全的数字叙事遗嘱平台的开发，采用先进的加密和身份验证技术，确保患者信息的隐私安全，制定更严格的法规和政策，规范数字叙事遗嘱的隐私保护措施，明确医疗机构和从业人员的责任。

（二）社会教育宣传及沟通支持有待加强

在推广叙事遗嘱时，必须提供足够的教育材料和开展宣传活动，以增加公众对于叙事遗嘱的认知和理解。这样可以减少对于叙事遗嘱的误解和担忧，使更多人愿意编写叙事遗嘱。叙事遗嘱的实施需要医生、护士和其他医疗人员的积极参与。他们应该具备足够的沟通技巧，能够与患者及其家属进行有效的交流，以了解其需求和愿望，并提供适当的支持和指导。家庭成员在叙事遗嘱的实施中起着重要的角色。他们应该尊重患者的意愿，并在需要时提供必要的支持和帮助。为了确保家庭成员之间的理解和协调，可能需要进行家庭会议和沟通，以解决潜在的冲突和分歧。

（三）多元文化背景下跨文化培训有待改进

叙事遗嘱是追求“以人为本”的个性化护理模式，每个人的故事都是独一无二的，不同文化背景的患者对叙事的理解和表达方式存在差异，可能导致沟通障碍。缺乏对多元文化的教育和培训可能使医疗团队难以理解和尊重患者的文化背景。因此，应结合不同地域、民族、信仰的文化差异，提供医疗团队跨文化培训，增强他们的文化敏感性和跨文化沟通技能，从而真正考虑目标人群的特点、心理状态、具体情景，协助他们制订真实反映自身意愿的叙事遗嘱。此外，还可以开发支持多语言的叙事遗嘱工具，使患者能够用他们最舒适的语言表达自己的意愿。

叙事遗嘱是人口老龄化背景下的一个新生事物，是老年生命末期患者面临寻求生命意义和价值的积极回应。首先，叙事遗嘱以口头或书面形式传递患者个人故事，是医学人文的回归，在生命不可逆的现实面前，可以帮助老年生命末期患者在生命长度、生命质量及生命感悟的思考下做出最佳决策，为其在面临困境时提供社会支持、情感支持和心理安慰。但叙事遗嘱的推广任重而道远，需要加强对医疗团队的培训，提高其对叙事遗嘱的理解和应用能力。其次，推动相关法规和政策的制定，以确保叙事遗嘱的权威性。最后，提升叙事遗嘱的公众认可度，使其在社会层面得到更广泛的认可和实施。通过对叙事遗嘱的全面介绍与深入研究，我们期望为老年生命末期患者提供更具人文关怀的医疗服务，促进其生命尊严的实现。

第十五章　积极老龄化背景下实施数字叙事遗嘱的SWOT分析

随着数字化和智能技术的不断进步，数字叙事遗嘱作为一种新兴形式应运而生。它利用文字、音频、视频等多媒体手段，记录遗嘱人的生活经历、情感和智慧，为遗嘱人提供了一种有尊严且富有个性的生命表达方式。通过这种方式，他们的思想和精神财富得以可能跨越时空，传递给后代和社会。然而，在积极老龄化的背景下，实施数字叙事遗嘱面临着多方面的挑战。本文将采用SWOT分析法，探讨数字叙事遗嘱在实施过程中的优势、劣势、机遇与威胁，并据此提出相应的发展策略。

一、优势（Strengths）

（一）叙事表达的灵活性

数字叙事遗嘱融合了讲故事的艺术与多媒体技术，表现形式多样，内容生动形象，具有生动性和可视化的特点。与以文字为主的传统遗嘱相比，数字叙事遗嘱基于叙事者的真实经历和体验，通过故事视频等形式，使遗嘱内容更加立体和情感丰富。这种方式不仅提升了阅读者的兴趣和意愿，尤其是对老年人和阅读能力有限的人群，而且增强了感召力和感染力，激发了人的共鸣。数字叙事遗嘱能够更好地传递遗嘱人的生活经历和精神遗产，同时促进遗嘱人与继承人之间的情感交流，增强他们对遗嘱内容的理解和认同。

（二）叙事保存的长久性

数字叙事遗嘱可以通过云存储或其他数字平台进行长期保存，避免了传统纸质遗嘱易损坏或丢失的风险。它集图文、音频、视频等多媒体技术于一体，如老年题材纪录片以纪实方式展示老年人的晚年生活和精神面貌，通过故事重构，体现个体的人生价值和意义，是一种可长久保存的叙事遗嘱形式。数字叙事遗嘱便于存储，且能随时根据遗嘱人的需求进行更新和修改，使遗嘱内容能够随着时间和情况的变化而不断调整，有效提升叙事遗嘱的适用性和可靠性。

（三）叙事内容的自主性

数字叙事遗嘱促进个性化表达，保证遗嘱人的自主性，使其能够根据个人需求和偏好自由定制遗嘱内容。遗嘱人可以根据自身经历记录独特的生活故事，以自己认可的方式安排情感、事件或回忆。数字平台的灵活性允许遗嘱人随时更新或修改遗嘱内容，展示生命历程和状态的变化。此外，数字叙事遗嘱赋予遗嘱人较多的自主权，确保其个人意愿得以充分表达，不受传统遗嘱的束缚。个性化和自主性增强的特性使数字叙事遗嘱更易于贴近遗嘱人的真实需求和情感表达，增加其在遗嘱执行时的情感价值和个人意义，更富有人文情怀。

（四）叙事精神的传承性

数字叙事遗嘱通过网络平台打破了时间和空间的限制，使遗嘱人能够在去世后继续“发声”。数字叙事遗嘱在遗嘱人“身死”后延长了其生命的长度，实现对其思想、智慧和价值观的传承。它使所有有相关需求的人群都可以随时按照需求进行访问，突破国籍、时间、空间的限制，在平台形成一个专题性网络社区，将素材的效用发挥到最大。与传统遗嘱仅在法律事务中起到作用不同，数字叙事遗嘱可以在不同的时间节点进行分享，成为遗嘱人留给后代和社会的精神财富。通过这种方式，遗嘱人的人生经验、价值观和智慧能够被后代代代相传，成为家庭和社会文化的重要组成部分。

二、劣势（Weaknesses）

（一）技术操作要求较高

尽管数字平台在现代社会中日益普及，但制作数字叙事遗嘱需要一定的技术操作能力和艺术设计水平。对于部分老年人来说，他们的知识水平和认知发展水平可能限制了他们使用这些平台的能力。许多老年人对智能设备的操作不够熟悉，缺乏数字化平台的使用经验，这可能导致他们在制作和管理遗嘱时遇到困难。此外，平台的用户界面设计可能没有充分考虑老年群体的需求，如字体大小、操作流程的复杂性等，进一步加大了老年用户的使用难度。为了解决这一问题，数字叙事遗嘱平台需要提供更加简化和适应老年人的操作系统，同时加强技术支持，确保老年人在制作遗嘱的过程中能够获得及时的帮助和指导。

（二）隐私与安全问题

数字叙事遗嘱涉及遗嘱人的个人经历、情感信息和家庭敏感内容，因此隐私保护成为一个重要挑战。遗嘱内容通常存储在云端或数字平台，这使其面临着黑客攻击、数据泄露和未经授权的访问等安全威胁。数字信息的流通性和共享性可能增加隐私泄露的风险，尤其是在平台的安全防护机制不够完善的情况下。此外，如果数字平台缺乏明确的隐私保护政策，可能会导致遗嘱内容被第三方滥用或出售，侵犯遗嘱人及其家属的隐私权。因此，平台应加强数据加密、访问权限控制等技术手段，并定期更新隐私保护政策，确保遗嘱人的信息安全得到有效保障。

（三）法律认可度有限

尽管数字技术的发展为数字叙事遗嘱的普及提供了技术基础，但在许多地区，数字叙事遗嘱在法律上的地位尚未完全得到认可。传统的遗嘱方式还停留在财产分配、继承权争议等法律议题内容，且常因为利益问题而出现执行困难或法律效力不被承认的情况。数字叙事遗嘱的理念和实施方式要求法律体系应建立在尊重文化习俗的基础上，需要具备较为灵活的展示形式，充分解决法律执行上可能遇到的障碍，如如何确保遗嘱内容的真实性、如何验证电子签名的合法性等问题。为了提高数字叙事遗嘱的法律认可度，有必要推动法律体系对这一新兴遗嘱形式的关注和认可，并制定相应的法规和制度，确保数字遗嘱在法律上的可执行性。

（四）长期保存可靠性低

数字遗嘱依赖于技术平台和云存储服务，这意味着平台的稳定性和数据存储的可靠性对遗嘱的长期保存至关重要。如果平台服务停止或因技术故障导致数据丢失，遗嘱内容可能会面临无法挽回的损失。此外，随着时间的推移，技术更新可能导致当前存储的数字遗嘱文件格式不再被支持，增加了数据维护的复杂性和成本。因此，平台应提供长期的技术支持和数据备份方案，以确保遗嘱内容能够安全、稳定地保存数十年甚至更长时间。

三、机遇（Opportunities）

（一）精神内涵重视

随着社会老龄化的加剧，老年人不仅需要物质层面的保障，也越来越重视精神需求的满足和个人价值的传承。叙事遗嘱是对生命的尊重和自我认知价值的体现。在晚年阶段，许多老年人希望通过某种方式表达他们的人生智慧、生活经验和价值观，而传统遗嘱的格式往往局限于物质遗产的分配，无法满足这些更深层次的需求。数字叙事遗嘱为老年人提供了全新的方式，使他们能够通过文字、音频、视频等多媒体形式记录并传达自己对生命的理解与人生的总结。作为创新的精神传承工具，数字叙事遗嘱承载了遗嘱人的情感与价值观。在他们去世后，数字叙事遗嘱能够帮助遗嘱人实现个人价值的延续，通过精神财富的传递继续影响后代，将生命关怀以空间和时间的方式传递。通过这种方式，遗嘱人能与家人和社会分享其人生智慧，为家庭的精神传承做出贡献，满足其在精神层面的需求。随着观念的不断改变和更新，许多人不再把叙事遗嘱看成生命终点要做的事情，而是对自己的人生进行定期思考和盘点，以一种“向死而生”的态度去思考该如何面对衰老和死亡。这种心理体验，会让人更加懂得珍惜与感恩。

（二）数字文化需求

在现代社会，数字化文件的应用越来越广泛，数字文化也在逐渐融入家庭生活。越来越多的家庭选择通过数字化形式保存和传承家族历史、个人回忆以及重要的精神财富，生命在叙事中被阐释，并内化成生命意义。叙事医学研究提出，打破闭锁的叙事介入手段能够帮助老年闭锁者通过讲述生命故事获得叙事赋能，实现主体的终极成长。数字叙事遗嘱作为数字文化的一部分，符合当代社会的整体发展趋势，以便捷的方式记录个人的生命故事。与传统书面遗嘱相比，数字叙事遗嘱通过多媒体形式增强表达的深度和广度，逐渐沉淀为人类共同的文化遗产，帮助我们理解记忆、变迁、历史、故事和生命历程等哲学命题，能够更加全面地传递遗嘱人的思想和价值观。随着人工智能和虚拟现实技术的发展，数字叙事方式将迎来更为广阔的发展空间，数字叙事中用户的参与程度将进一步提高，融合程度也将提升到前所未有的程度。数字叙事遗嘱有望成为传统遗嘱的重要补充，甚至在某些场景下替代传统遗嘱，成为现代家庭精神传承的重要工具。

（三）数字技术供给

伴随着云存储、人工智能、大数据等技术的不断发展，数字叙事遗嘱的操作变得更加安全和便捷。技术的应用可以提供方便灵活的存储方式，也极大程度提升了数字叙事遗嘱的可操作性和易用性。通过云存储，遗嘱人可以随时随地对遗嘱内容进行更新和调整，而无需担心遗嘱因纸质保存不当而受损。人工智能的应用则可以在制作过程中向遗嘱人提供个性化建议和指导，确保内容更加贴合遗嘱人的意愿。同时，大数据技术能够分析遗嘱人的个性化需求，优化遗嘱的制作和管理流程。随着这些技术的迭代更新，数字叙事遗嘱的普及和应用将进一步扩大其发展空间，为老年人提供多种灵活、安全的存储选择。

（四）数字战略支持

在国家战略层面，数字技术的快速发展和政府对信息化的重视，为数字叙事遗嘱的推广提供了坚实的支持基础。我国在推进“健康中国 2030”规划以及应对老龄化战略的过程中，越来越多地依赖数字技术和信息平台的力量。数字战略的实施使得数字叙事遗嘱能够借助大数据、人工智能和区块链等技术，实现安全、便捷的操作和存储。这些技术的应用不仅增强了数字遗嘱的安全性与可追溯性，还使得跨平台、多终端的数字遗嘱管理成为可能。国家战略的支持为数字叙事遗嘱的法律地位和社会认可度提供了政策保障，有助于推动这一新兴形式在更广泛的社会层面上普及，维护叙事生态的健康与多样性发展，进而促进老年人精神需求的满足和个人价值的传承。在数字技术不断进步与政策支持的双重推动下，数字叙事遗嘱的未来发展将更加广阔，成为老年人群体和整个社会的重要工具。

四、威胁（Threats）

（一）数据存储威胁

数字叙事遗嘱依赖于云端存储和在线传输，这使得其面临数据安全和隐私泄露的风险。在数字化时代，隐私泄露问题是一个紧迫挑战。遗嘱内容包含个人的生命故事、情感表达以及家庭敏感信息，一旦遭遇黑客攻击或未经授权的访问，遗嘱内容可能会被篡改、泄露甚至滥用。这不仅可能导致遗嘱人隐私信息的暴露，还会影响遗嘱内容的完整性和可信度。此外，数字平台本身的安全漏洞以及数据传输过程中的安全隐患，都可能使数字叙事遗嘱面临较高的隐私风险。因此，平台应采取严密的加密技术，并定期审查隐私保护策略，确保遗嘱在数字环境中的数据安全。同时，制定清晰的隐私保护法规和技术措施，可以有效预防数据泄露的潜在风险，增强用户对数字叙事遗嘱的信心。

（二）叙事资源匮乏

数字叙事遗嘱的实施不仅依赖于技术平台，还需要足够的时间、空间、人员和组织资源的支持。然而，当前许多医疗和养老机构缺乏足够的多学科团队来全面支持数字叙事遗嘱的制订和执行。尤其是医护人员的日常工作负担较重，常规医疗护理工作让他们很难抽出时间与患者进行深入沟通，了解其个人愿望和情感表达。实施数字叙事遗嘱还需要专门的空间和设备，如私密的谈话室、叙事分享中心，以及录制或存储遗嘱所需的数字设备等。缺乏这些基础设施和组织支持，可能会使数字叙事遗嘱的推广和应用受到限制。因此，单位层面上需要建立完善的制度体系和工作协调机制，提供适当的资源和技术支持，确保数字叙事遗嘱能够顺利实施，满足老年人的个性化需求。

（三）叙事研究不足

数字叙事遗嘱的顺利实施离不开对叙事研究的深入探索。然而，当前关于数字叙事的理论体系和研究框架仍不够完善，制约了其在实际应用中的推广。叙事研究在教育、医疗等领域已有一定发展，但对于数字叙事遗嘱的具体实践缺乏统一的标准化流程，这使得数字叙事遗嘱的有效性和可信度难以评估。为了推动数字叙事遗嘱的普及，亟需通过实证研究来验证其效果，并发展科学的评价方法，确保其理论和实践基础的科学性和可行性。此外，数字叙事遗嘱涉及多个学科，如医学、文学、心理学和社会学等，但这些学科在数字叙事遗嘱中的界限尚不清晰。跨学科的研究与合作将有助于形成更加协调、有机的研究体系，为数字叙事遗嘱的推广提供更加坚实的理论支持和实践依据。

（四）文化认知差异

在某些文化背景下，传统书面遗嘱仍然被视为最权威和具法律效力的遗嘱形式。尽管数字技术在现代社会中逐渐普及，但对于依赖传统文化和习俗的群体来说，数字叙事遗嘱的接受度可能存在局限性。叙事技巧的培养和叙事能力的提高是一个循序渐进的过程，需要经过一系列系统的培训，部分人群可能更信任书面文件，认为其具备更高的法律效力和文化价值，而数字遗嘱作为一种新兴形式，可能被认为缺乏庄重性或权威性。此外，数字叙事遗嘱的推广和应用在一些社会中可能面临文化阻力，尤其是那些不熟悉或不信任数字技术的老年人群体。为解决这一问题，数字叙事遗嘱平台需要通过教育和宣传，逐步引导公众认识到数字叙事遗嘱的优势，并与传统遗嘱形式形成互补，以适应不同文化背景下的用户需求。

五、数字叙事遗嘱发展建议

（一）加强公众教育与技术支持

针对老年群体，推广数字叙事遗嘱的关键在于教育和技术支持。叙事不仅是建构历史的必要环节，也是创建自我的重要途径。应通过各类教育和宣传活动，帮助公众，尤其是老年人，充分理解并接受这一新兴的遗嘱形式。首先，应明确数字叙事遗嘱的内涵、作用和具体操作流程，使其在实践中能够被准确地理解和应用。相关机构可以通过制作易于理解的宣传资料、社交媒体宣传、举办讲座和工作坊等形式普及知识，增强公众对数字叙事遗嘱的认知和重视。同时，数字叙事遗嘱平台应设计出简单易用的操作指南，特别是针对老年群体的技术需求，提供详细的步骤说明、语音辅助以及实时技术支持。这样可以有效帮助老年人克服在使用过程中遇到的技术困难，确保他们能够顺利制作和管理个人的数字遗嘱。

（二）完善法律框架与隐私保护机制

由于数字叙事遗嘱涉及大量的个人健康信息和敏感数据，确保这些数据的安全性和隐私保护是伦理审查的核心关切之一。为确保数字叙事遗嘱的合法性和操作性，各国应尽快建立并完善相关法律框架，明确其在法律上的效力及执行程序。数字叙事遗嘱的合法性是其成功实施的关键，法律规范的缺失会限制这一形式的推广。政府应制定相关政策，确保数字叙事遗嘱在不同国家和地区都能得到法律支持。此外，数字叙事遗嘱平台也需要进一步强化隐私保护机制，特别是在处理遗嘱人的个人敏感信息时，应采用高级的数据加密技术和严格的权限控制措施，以确保数据安全。定期更新隐私保护策略，并采取数据备份和加密手段，防止信息泄露、篡改或滥用，维护遗嘱人的隐私权和安全。

（三）提升技术平台的适老化设计

为了更好地满足老年用户的需求，数字叙事遗嘱平台应进行适老化设计，确保界面和操作流程对老年人更加友好。首先，界面设计应简洁明了，字体和色彩的选择应考虑到老年人的视觉需求，确保文字清晰、易于阅读。其次，平台应提供语音辅助、逐步操作指南以及一对一的技术支持，以帮助老年人在使用过程中更加轻松地应对技术问题。通过多维度、多视角、多层次的适老化设计，数字叙事遗嘱平台不仅能够降低老年人使用中的技术障碍，还能够增强他们对数字遗嘱的接受度和信任感，缩小数字鸿沟，确保更多的老年人能够享受到这一创新形式带来的便利。

（四）推动跨学科合作，增强文化适应性

数字叙事遗嘱的实施涉及多个学科领域，包括法律、技术、医学、伦理等。为了确保这一形式的全面推广和应用，应鼓励不同领域的专家和学者合作建立综合性的数字叙事遗嘱平台。法律专家可以确保平台符合不同地区的法律要求，技术专家则负责提供平台的安全保障，而医学和护理领域的专业人士可以根据个人护理需求，帮助设计符合医疗伦理和个性化护理的遗嘱内容。此外，跨学科合作还能确保数字遗嘱能够适应不同文化背景下的个体需求，提升遗嘱的文化敏感性。通过这种多学科合作，数字遗嘱的实施将更加科学、全面，确保遗嘱人在不同社会背景下都能享有这一创新形式带来的益处。

叙事遗嘱承载着个体对生命意义的深刻反思与传承，是促进家庭和谐、社会关怀的重要途径。上面基于积极老龄化的背景，运用 SWOT 分析法，全面探讨了数字叙事遗嘱在实施过程中所面临的内部优势、劣势，以及外部的机遇和威胁。数字叙事遗嘱拥有叙事表达的灵活性、叙事保存的长久性、叙事内容的自主性及叙事精神的传承性等优势，但面临技术操作实用难、隐私与安全威胁、法律认可度有限及长期保存可靠性低等内部挑战。同时，随着社会对精神内涵的日益重视，数字文化需求和供给的同步增加，以及数字战略保障对老龄化的应对措施逐步加强，数字叙事遗嘱的推广迎来了前所未有的机遇。然而，数据存储威胁、叙事资源匮乏、叙事研究不足及文化认知差异等构成了外部威胁，阻碍了数字叙事遗嘱的广泛应用。在伦理方面，尤其需要关注如何尊重老年人的自主权，确保信息传递的清晰性和透明性，增强隐私和数据安全的保障，并尊重不同文化与信仰的差异。数字叙事遗嘱的推广与发展伴随着机遇与挑战。因此，要推动其健康发展，必须从多个方面入手，包括加强公众教育和宣传、提高社会认知、完善法律框架和隐私保护机制、提升技术平台的适老化设计，并推动跨学科合作和文化适应性的发展。通过这些举措，才能真正落实叙事遗嘱的人文关怀理念，促使其成为应对老龄化社会的重要创新实践。

参考文献

[1] 方颖，王晓琳，徐兰，等. 安宁疗护人员医学叙事能力量表的构建 [J]. 护理研究，2024，38 (1)：51－55.

[2] Kim W S，Shin C N，Kathryn L L，et al. Development and validation of the narrative quality assessment tool [J]. J Nurs Meas，2017，25 (1)：171－183.

[3] 闫嘉琳. 敬畏生命：现代生命价值观的理性复归 [J]. 医学与哲学，2023，14 (11)：11－15，25.

[4] Triantaphyllou E，Yanase J. The seven key challenges for life－critical shared decision making systems [J]. Int J Med Inform，2021 (148)：104377.

[5] Radwin L E，Cabral H J，Wilkes G，et al. "Taking over somebody's life"：Experiences of family caregivers of ventilator－dependent adults [J]. Ann Am Thorac Soc，2019，16 (5)：606－612.

[6] 郑永斌，罗锦天，孟光兴. 生前预嘱的伦理考察及中日实践经验的比较与启示 [J]. 中国医学伦理学，2023，36 (5)：510－517.

[7] 蒋文勇. "爱在清明"生命文化电影汇：遗愿清单 [J]. 中国医学人文，2023，9 (5)：32－35.

[8] 许宝惠，李凤侠，孙丽，等. 国内外患者尊严研究进展 [J]. 医学与哲学，2021，42 (23)：30－34.

[9] 王心茹，绳宇. 生前预嘱、预立医疗指示和预立医疗照护计划的概念关系辨析 [J]. 医学与哲学，2020，41 (24)：1－4，14.

[10] 北京卫生法学会. 疾病终末期医疗决策相关法律问题专家共识 [J]. 中国医学伦理学，2022，35 (9)：931－932.

[11] 杨胜刚. 生前预嘱之医疗机构执行的刑事法律风险与合规审查机制 [J]. 医学与法学，2023，15 (2)：18－24.

［12］李霞. 论预先医疗指示［J］. 东南法学，2018（1）：5－15.
［13］梁倩倩，冉晔，王梦琳，等.《民法典》背景下预先医疗指示的发展研究［J］. 中国卫生法制，2022，30（4）：111－113.
［14］Gürcan M B，Yildiz M，Patir K，et al. The effects of narrative and movie therapy on the theory of mind and social functioning of patients with schizophrenia［J］. Noro Psikiyatri Arsivi，2021，58（2）：108－114.
［15］White M J，Epston D. Narrative means to therapeutic ends［M］. New York：WW Norton Company，1990.
［16］Marini M G. 叙事医学：弥合循证治疗与医学人文的鸿沟［M］. 李博，李萍，译. 北京：科学出版社，2012.
［17］李飞. 中国叙事医学实践的反思［J］. 医学与哲学，2023，44（8）：8－13.
［18］Radziewicz R，Szymczak W，Dobrzyn－Matusiak D，et al. Development and validation of the Polish version of the Narrative Nursing Assessment Scale（NNAS）［J］. BMC Nurs，2021，20（1）：5.
［19］Oosterveld－Vlug M G，Pasman H R，van Gennip I E，et al. Validation of the dutch version of the Narrative Nursing Assessment Scale（NNAS－D）to explore the quality of nurse－patient communication in palliative care［J］. Patient Educ Couns，2016，99（3）：482－489.
［20］Jabbari M，Chenoweth L，Jusufbegovic A，et al. The development and piloting of the Narration－based Communication Assessment Tool（N－CAT）in advanced dementia［J］. Palliat Med，2019，33（2）：221－231.
［21］罗倩，喻鹏，喻小艳，等. 叙事疗法在护理领域的应用进展［J］. 叙事医学，2023，6（2）：77－83，115.
［22］Berlin A. A heart set on living［J］. J Pain Symptom Manage，2016，51（1）：138：140.
［23］Sato R S，Beppu H，Iba N，et al. The meaning of life prognosis disclosure for Japanese cancer patients：a qualitative study of patients' narratives［J］. Chronic Illn，2012，8（3）：225－236.

［24］ Repede E. All that holds：A story of healing ［J］. J Holist Nurs，2008，26（3）：226：232.

［25］ Marmirolli F A D P，Fidalgo T M，Moreira F G. Narrative medicine as an innovative tool in the medical psychology discipline ［J］. Med Educ，2024，58（2）：262.

［26］ 陈冠廷. 癌症晚期患者生命意义建构的社会工作介入研究 ［D］. 长春：长春工业大学，2022.

［27］ 石芸瑕. 代际反哺的变革：独居老人的生命历程与叙事疗法介入研究 ［D］. 重庆：重庆大学，2021.

［28］ 沈歆宜，韩继明. 叙事医学的人文内涵及临床应用 ［J］. 叙事医学，2021，4（4）：255－257，277.

［29］ Yang N，Xiao H，Cao Y，et al. Does narrative medicine education improve nursing students' emphatic abilities and academic achievement? A randomized controlled trial ［J］. J Int Med Res，2018，46（8）：3306－3317.

［30］ Buchbinder E，Sinay D. Incest survivors' life－narratives ［J］. Violence Against Women，2020，26（8）：803－824.

［31］ Kutcher G R，Soroka J T. Deactivating a pacemaker in home care hospice：Experiences of the family caregivers of a terminally ill patient ［J］. Am J Hosp Palliat Care，2020，37（1）：52－57.

［32］ Frenkel M，Sapire K，Lacey J，et al. Integrative medicine：adjunctive element or essential ingredient in palliative and supportive cancer care? ［J］. J Altern Complement Med，2020，26（9）：779－783.

［33］ Yuan J，Zeng X，Cheng Y，et al. Narrative medicine in clinical internship teaching practice ［J］. Med Educ Online，2023，28（1）：2258000.

［34］ Lakhani J，Mack C，Kunyk D，et al. Exploring and supporting parents' stories of loss in the NICU：a narrative study ［J］. Qual Health Res，2023，33（14）：1279－1290.

［35］ 沃克，朱火云. 从概念到政策：积极老龄化再认识 ［J］. 社会保障评论，2023，7（3）：49－61.

［36］ 蒋俏蕾，陈宗海. 银发冲浪族的积极老龄化：互联网使用提升老年人主观幸福感的作用机制研究 ［J］. 现代传播（中国传媒大学学报），2021

(12)：41－48.
[37] 庞凤喜，王绿荫，王希瑞，等. 上海市积极老龄化的实践与启示 [J]. 经济与管理评论，2022 (4)：63－73.
[38] Ma L，Hu Y，Alperet D J，et al. Beverage consumption and mortality among adults with type 2 diabetes：Prospective cohort study [J]. BMJ，2023，381：e073406.
[39] Macleod R，Metcalfe A，Ferrer－Duch M. A family systems approach to genetic counseling：development of narrative interventions [J]. J Genet Couns，2021，30 (1)：22－29.
[40] 童芳. 数字叙事：新技术背景下的博物馆设计研究 [J]. 南京艺术学院学报（美术与设计版），2020 (3)：165－171.
[41] 李玲玉，罗雯，廖小雨，等. 叙事护理在我国临床应用的 SWOT 分析 [J]. 护理学报，2022，29 (14)：68－72.
[42] 武娟. 老年题材纪录片故事化叙事策略探析——以《银发燃烧的春天》为例 [D]. 成都：四川师范大学，2020.
[43] 汤斯燚. 技术具身理论视角下数字艺术的互动叙事研究 [J]. 苏州教育学院学报，2023，40 (2)：27－34.
[44] Aloi J A. The nurse and the use of narrative：An approach to caring [J]. J Psychiatr Ment Health Nurs，2009，16 (8)：711－715.
[45] 路莉静. 基于叙事治疗技术的乳腺癌化疗患者生命意义感干预方案的构建 [D]. 南京：南京中医药大学，2021.
[46] 李爽，俞桂芳，陈君冬，等. 个性化叙事护理在老年慢性阻塞性肺疾病病人中的应用 [J]. 护理研究，2019，33 (16)：2903－2905.
[47]《叙事医学》编辑部. 星星之火，燎原之势——南方医科大学通识教育部、生命健康叙事分享中心创始人杨晓霖教授访谈录 [J]. 叙事医学，2021，4 (2)：77－83.
[48] 艾四林，陈钿莹. 中国式现代化话语体系建构的三重维度 [J]. 山东大学学报（哲学社会科学版），2023 (2)：1－10.
[49] 陈兵. 数字叙事中的用户参与行为研究 [J]. 出版科学，2018，26 (2)：92－95.
[50] 邹明明，陶俊杰，杨晓霖，等. 990 名医务人员叙事医学认知调查报告之一 [J]. 医学与哲学，2021，42 (22)：1－6.
[51] 潘宁，陈晓吟，王艳芳. 叙事护理在临床应用中的优劣势简析 [J]. 国

际医药卫生导报，2023，29（7）：1030－1032.

［52］Gray C，Yefimova M，McCaa M，et al. Developing unique insights from narrative responses to bereaved family surveys ［J］. J Pain Symptom Manage，2020，60（4）：699－708.

［53］Philpotts Y F，Ma X，Anderson M R，et al. Health insurance and disparities in mortality among older survivors of critical illness：A population study ［J］. J Am Geriatr Soc，2019，67（12）：2497－2504.

［54］Kruizinga R，Hartog I D，Scherer－Rath M，et al. Modes of relating to contingency：An exploration of experiences in advanced cancer patients ［J］. Palliat Support Care，2017，15（4）：444－453.

［55］Messing S，Tcymbal A，Abu－Omar K，et al. Research－vs. government－driven physical activity policy monitoring：A systematic review across different levels of government ［J］. Health Res Policy Syst，2023，21（1）：124.

［56］Abdar M，Basiri M E，Yin J，et al. Energy choices in alaska：Mining people's perception and attitudes from geotagged tweets ［J］. Renew Sustain Energy Rev，2020，124：109781.

［57］Santoro Lamelas V，Di Masso A. Shaping the healthy subject in gentrified spaces：Two case studies in Barcelona（Spain）［J］. Health Place，2023，84：103138.

［58］Kwon H，Koylu C. Revealing associations between spatial time series trends of COVID－19 incidence and human mobility：An analysis of bidirectionality and spatiotemporal heterogeneity ［J］. Int J Health Geogr，2023，22（1）：33.

［59］卫羚，匡钊. 论方东美生命哲学的时空观 ［J］. 云梦学刊，2022，43（6）：95－102.

［60］Macleod R，Metcalfe A，Ferrer－Duch M. A family systems approach to genetic counseling：Development of narrative interventions ［J］. J Genet Couns，2021，30（1）：22－29.

［61］胥昕延，赖即心，蒋文静，等. 叙事疗法研究进展 ［J］. 护理学报，2023，30（3）：51－56.

［62］Frank A W. The wounded storyteller：Body，illness，and ethics ［M］. Chicago：University of Chicago Press，2013.

［63］Mattingly C. The paradox of hope：Journeys through a clinical borderland［M］. California：University of California Press，2010.

［64］Berkman L F，Glass T，Brissette I，et al. From social integration to health：Durkheim in the new millennium［J］. Soc Sci Med，2000，51（6）：843－857.

［65］Cohen S. Social relationships and health［J］. Am Psychol，2004，59（8）：676－684.

［66］White B D，Willmott L. Decision－making capacity and the law：A focus on legal principles，not medical or psychiatric evaluations［J］. J Bioeth Inq，2015，12（3）：435－449.

［67］Macleod R，Metcalfe A，Ferrer－Duch M. A family systems approach to genetic counseling：Development of narrative interventions［J］. J Genet Couns，2021，30（1）：22－29.

［68］谢颖桢，王冬慧，孙娜. 从王永炎院士验案谈叙事医学内涵与中医平行病历构建［J］. 现代中医临床，2018，25（6）：1－4.

［69］王甜君. 安宁疗护的伦理价值及在我国加快发展的对策建议［D］. 昆明：昆明理工大学，2022.

［70］黄伟宏，何佳洁. 基于 CiteSpace 的我国医疗决策研究可视化分析［J］. 老年医学研究，2023，4（2）：35－39.

［71］余成普. 中国医学人类学的研究困境及可能出路［J］. 南开学报（哲学社会科学版），2022，285（1）：33－44.

［72］Beauchamp T L，Childress J F. Principles of biomedical ethics［M］. New York：Oxford University Press，2019.

［73］American Medical Association. Code of medical ethics［M］. Chicago：American Medical Association，2020.

［74］Steinhauser K E，Christakis N A，Clipp E C，et al. Factors considered important at the end of life by patients，family，physicians，and other care providers［J］. JAMA，2000，284（19）：2476－2482.

［75］Crawley L M，Marshall P A，Lo B，et al. Strategies for culturally effective end－of－life care［J］. Ann Intern Med，2002，136（9）：673－679.

［76］Astrow A，Wexler A，Texeira K，et al. Is failure to meet spiritual needs associated with cancer patients' perceptions of quality of care and their satisfaction with care? [J]. J Clin Oncol，2007，25 (36)：5735－5737.

[77] Moadel A，Morgan C，Fatone A E A. Seeking meaning and hope：Self－reported spiritual and existential needs among an ethnically－diverse cancer patient population [J]. Psychooncology，1999，8 (5)：378－385.

[78] 程丽楠，姚水洪，盛桂莲，等. 基于生命价值观导向的叙事遗嘱概念分析 [J]. 上海护理，2024，24 (7)：26－29.